**Neues Wohnen
in der
alten Stadt**

Die Sanierung staatlicher Liegenschaften in der Basler Altstadt 1978–1990

© 1991 Baudepartement Basel-Stadt,
Hochbauamt und Buchverlag Basler Zeitung
Konzept und Redaktion: René Nertz
Pläne: Josef Schüpfer
Gestaltung: Kurt Pauletto
Fotos: Niggi Bräuning
Archivfotos: Bildnachweis Seite 191
Satz, Lithos und Druck: Basler Zeitung,
4002 Basel
Veredelung: Karl Meyer & Cie. AG, Allschwil
Einband: Grollimund AG, Reinach BL

ISBN 3-85815-233-1

Neues Wohnen in der alten Stadt

Die Sanierung staatlicher Liegenschaften in der Basler Altstadt 1978–1990

mit Beiträgen von Carl Fingerhuth, Rolf d'Aujourd'hui, Alfred Wyss, René Nertz, Josef Schüpfer, Werner Stroesslin, Peter Baumgartner, Mauro Renggli

Vorwort von Regierungsrat Eugen Keller

Herausgegeben vom Baudepartement Basel-Stadt im Verlag der Basler Zeitung

1975 – ein neuer Anfang

1975 war für den Regierungsrat des Kantons Basel-Stadt ein wichtiges Jahr. Die euphorischen sechziger Jahre und die darauf folgende Ernüchterung der frühen siebziger Jahre waren vorbei. Angesichts einer stetig abnehmenden Wohnbevölkerung und einer gewissen Ratlosigkeit über die Zukunft unseres Kantons wurde es unerlässlich, neue Grundlagen für die politische Arbeit der nächsten 10 bis 15 Jahre zu formulieren. Die Publikation von «Basel 75 – Hauptziele eines Stadtkantons» war dazu ein erster Schritt. Vor dem Hintergrund des zentralen Themas – Erhaltung der Leistungsfähigkeit des Kantons – wurde dargelegt, dass die Qualität des Wohnens in der Stadt eines der hauptsächlichen Anliegen der künftigen städtischen Politik sein müsse. Zugunsten dieser Zielsetzung wurden in den folgenden Jahren grosse Aufgaben angepackt:

- Eine umfassende Revision des Zonenplanes mit der Einführung von Schutz- und Schonzonen.
- Die Ausarbeitung und der Erlass eines Denkmalschutzgesetzes.
- Die Rückwandlung von Liegenschaften, die durch staatliche Büros belegt waren, in Wohnraum.
- Die Renovation einer Vielzahl von Bauten, die wie Rathaus, Blaues und Weisses Haus für das Stadtbild bedeutsam sind.
- Die Umgestaltung mehrerer Plätze und Strassen: Barfüsserplatz, untere Freie Strasse, rechtes Rheinufer oder Greifengasse u.a. – mit dem Ziel, die Erlebnisqualität der Innenstadt aufzuwerten.
- Die Erstellung neuer Bauten in der Altstadt wie die Überbauung des Rosshofareals oder die Schliessung der Baulücke in der Spalenvorstadt als Brückenschlag von der vergangenen zur heutigen Zeit.
- Die Sanierung staatlicher Liegenschaften in der Altstadt, die in diesem Buch vorgestellt werden, eine Aktion besonderen Gewichts, weil sie in die verschiedensten Bereiche ausstrahlte: In der Innenstadt entstand eine grosse Zahl attraktiver Wohnungen, vor allem auch für Familien mit Kindern. Für die Geschichte der Stadt und ihrer Darstellung entscheidend wichtige Bausubstanz wurde erhalten und wieder instandgestellt. Ein städtebaulich und stadtplanerisch wichtiges Zeichen wurde gesetzt, das sich beispielhaft auf die Investitionstätigkeit der Privaten auswirkte. Die Sanierung trug dazu bei, die Innenstadt zum Ort zu machen, an dem sich Menschen gerne aufhalten zum Wohnen, Arbeiten, Kaffeetrinken, Einkaufen oder ganz einfach zum Flanieren.

Es scheint deshalb richtig und angemessen, zum Abschluss dieser grossen und langjährigen Arbeit mit diesem Buch Rechenschaft abzulegen. Es ist keine systematische Dokumentation, sondern will in freier Weise Grundlagen, Erfahrungen und Ergebnisse darstellen. Ich danke allen Beteiligten für ihre engagierte Arbeit an dieser Publikation, im speziellen dem Redaktionsteam unter der Leitung von Dr. René Nertz, dem Gestalter Kurt Pauletto, dem Fotografen Niggi Bräuning sowie den Mitarbeitern des Hochbauamtes Arno Zimmermann und Josef Schüpfer und gleichfalls dem Kantonalen Denkmalpfleger Dr. Alfred Wyss und seinen Mitarbeitern Bernard Jaggi, Markus Schmid und Dr. Daniel Reicke für ihre vielfältige Unterstützung.

Mein Dank geht vor allem auch an alle, die an der politischen Vorbereitung sowie an der Planung, Projektierung und Ausführung der Arbeiten beteiligt waren.

Mit der Altstadtsanierung ist ein Zeichen in bezug auf die Vitalität unseres Stadtkantons gesetzt worden. Immer wieder muss Vorhandenes mit Neuem konfrontiert werden, müssen im Dialog mit den verschiedensten Interessengruppen Lösungen gefunden und dann auch realisiert werden. Die Altstadtsanierung kann Beispiel sein für viele andere bevorstehende Aufgaben.

Regierungsrat Eugen Keller
Vorsteher des Baudepartements

Der Auftrag

In seiner Standortbestimmung «Basel 75 – Hauptziele eines Stadtkantons» bezeichnete der Regierungsrat die Stabilisierung der Einwohnerzahl bis in das Jahr 1980 als eine der vordringlichsten Aufgaben; seit 1969, als der Kanton ein Maximum von 232 795 Einwohnern gezählt hatte, nahm die Bevölkerung ständig ab. Angesichts der sinkenden Wohnungsbelegung, einer Tendenz, deren Stillstand nicht abzusehen war, musste allein schon zum Halten der Einwohnerzahl und erst recht zur Wiedergewinnung von Abgewanderten zusätzlicher Wohnraum angeboten werden.
Im staatlichen Immobilienbereich sah der Regierungsrat zwei Wege: Der erste war, zweckfremd genutzte einstige Wohnhäuser, die nun der Verwaltung oder der Universität dienten, wieder dem Wohnungsmarkt zuzuführen. Aus 180 vom Hochbauamt auf ihre Eignung untersuchten Liegenschaften verblieben 28, die für eine Rückwandlung lohnend schienen. Die weiteren Abklärungen und die Ausarbeitung von Projekten übertrug das Hochbauamt privaten Architekturbüros mit der Vorgabe, dass die notwendigen Investitionen tragbare, resp. marktkonforme Mietzinse ergäben. In den folgenden Jahren 1983 bis 1989 wurden 19 dieser Objekte in Wohnhäuser mit insgesamt 2 Ein-, 10 Zwei-, 16 Drei-, 18 Vier-, 6 Fünf-, 3 Sechszimmerwohnungen und 4 Einfamilienhäuser zurückverwandelt. Die Rückwandlung bleibt eine Daueraufgabe.
Ein zweiter Weg war die Sanierung jener staatlichen Liegenschaften in der Altstadt, die seit Jahren im Unterhalt vernachlässigt, vereinzelt sogar unbewohnbar waren, weil ihnen wegen der Korrektionspläne der Abbruch drohte.
Nach der Aufhebung der Korrektionslinien im Jahre 1974 sollten sie nun zu neuem Leben erweckt werden. Auch hiezu beauftragte das Hochbauamt private Architekten, Projekte zu entwickeln, die dann im Ratschlag 7140 «betreffend den Umbau von 40 Altstadtliegenschaften sowie Erstellung eines Neubaus an der Rheingasse» am 13. Februar 1975 dem Grossen Rat vorgelegt wurden. Die vier generellen Planungsziele hiessen:
1. Aufwertung und Erweiterung innerstädtischen Wohnraums
2. Erhaltung von bauhistorischem Kulturgut
3. Bauliche Sanierung
4. Ertragssteigerung und Erhaltung des Liegenschaftsvermögens

Nachdem die dazu eingesetzte Grossratskommission einige Änderungen angebracht hatte, gab der Grosse Rat im April 1976 seine Zustimmung.
Nicht so ein Teil der Bürgerschaft. Die Kritik entzündete sich an der Baupublikation für 5 Häuser im Imbergässlein/Pfeffergässlein, bei denen eine Totalsanierung durch die Zusammenlegung von 5 mittelalterlichen Häusern zu einem Neubau mit wiedererstellter gotischer Strassenfassade vorgesehen war. Die im folgenden Abstimmungskampf erhobenen Einwände waren städtebaulicher und sozialer Natur. Die Volksabstimmung vom 24./25. September 1976 ergab ein hauchdünnes Mehr von 77 Stimmen für die Annahme der Vorlage.
Der Regierungsrat reagierte auf die magere Zustimmung mit dem Auftrag an die Verwaltung, Hochbauamt und Zentralstelle für staatlichen Liegenschaftsverkehr, die Argumente der Gegner neu zu bedenken und die Projekte zu überarbeiten. Auf den Neubau an der Rheingasse, gegen den sich die Anwohner zur Wehr gesetzt hatten, war ganz zu verzichten.
Für die völlig neue Konzeption der Projekte war wesentlich bestimmend, dass gemäss den Bestimmungen der inzwischen 1977 geschaffenen Stadt- und Dorfbild-Schutzzone, in die alle Objekte eingewiesen waren, Brandmauern, Dächer und die historisch und künstlerisch wertvolle Substanz unter Schutz stehen.
Mit Ausnahme des Spalenhofs, dessen Sanierung erst 1990 abgeschlossen wurde, konnte die erste Etappe, die Sanierung von 40 Liegenschaften, im Zeitraum von 1978 bis 1984 realisiert werden. Eine zweite Etappe in den Jahren 1982 bis 1987 schloss weitere 19 Liegenschaften ein. So wurden insgesamt 130 Wohnungen, 5 Ateliers, 25 Läden, 7 Gewerberäume, 8 Vereinslokale, 3 Cliquenkeller, 2 Theater und 1 Saal saniert oder neu geschaffen.
8 Häuser wurden im Baurecht an Private abgegeben.

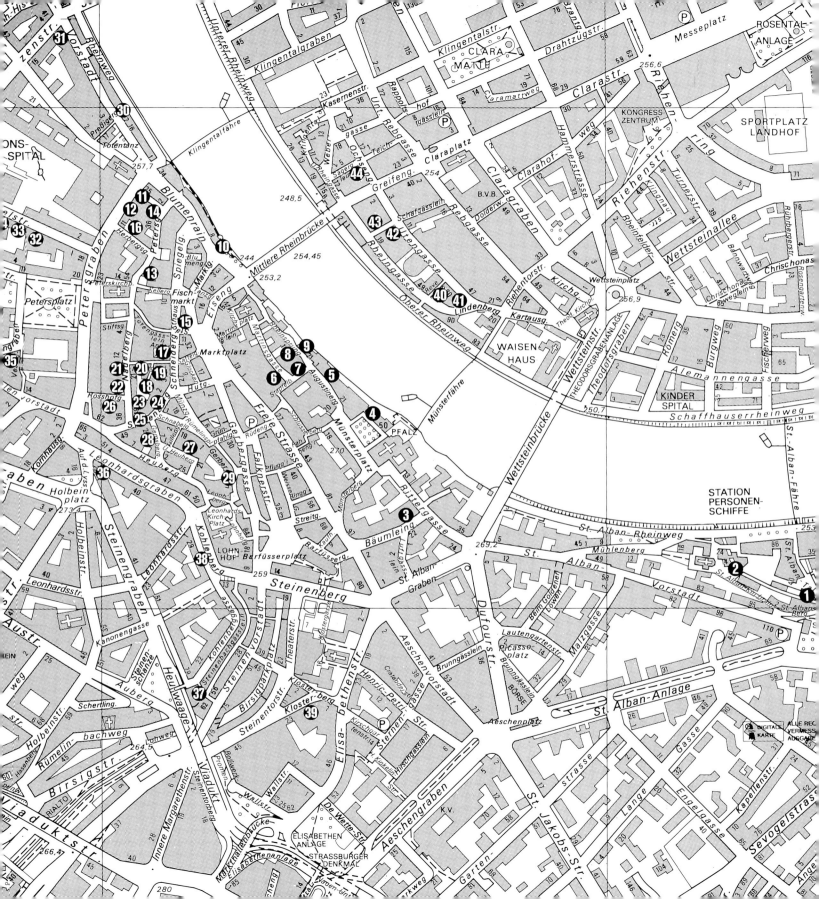

St. Alban-Tal 44/46 ❶
«Zum neuen Bau»

Architekturbüro des Hochbauamtes

Im Mittelalter wurden die aus dem Jura hergeflössten Baumstämme bei der Verzweigung von vorderem und hinterem Teicharm aus dem Wasser gezogen und zu hölzernen Wasserleitungen, sog. Teucheln, zu Rebstecken und Schindeln für die Bedachung verarbeitet, daher gleichfalls der Name «Schindelhof» für die von Teich und Mauer umgebene Häusergruppe. Später war sie der Sitz von Papierern, was noch heute an den charakteristischen, fast die ganze Dachfläche durchziehenden Papierergaupen, deren Öffnungen zum Papiertrocknen in den grossen Dachstühlen nötig waren, ablesbar ist. Seit dem Niedergang der Papierindustrie im letzten Jahrhundert diente der Schindelhof für Kleingewerbe und schliesslich bis in die jüngste Zeit als Wohnstätte einfacher Leute.
Der bauliche Zustand der Häuser, die unter Denkmalschutz stehen, war sehr schlecht und die Sanierung dringend. Anstelle von 8 mehrheitlich Kleinwohnungen sind 5 Dreieinhalb- und Vierzimmerwohnungen und 1 Zweieinhalbzimmerwohnung getreten.

Der achteckige Trog und der zierliche Brunnenstock sind von 1865.

Das St. Alban-Tor wurde 1977 bei der Restaurierung wieder auf die Gestalt vor 1871 zurückgeführt.

Ausschnitt aus dem Stadtplan
des Matthaeus Merian von
1615

**Der kantonale Denkmalpfleger
Dr. Alfred Wyss schreibt dazu:**

«Der älteste Flügel stammt aus der zweiten Hälfte des 16. Jahrhunderts mit naturbelassenem Riegel gegen den Hof, in welchem die eichene, geschnitzte und rot bemalte Fenstereinfassung samt Ständer von Anfang an eingefügt war. Im 17. Jahrhundert wurde das rotgefasste Riegelhaus an der Strasse neben dem Brücklein angefügt und 1719 das herrschaftliche Haupthaus mit der barocken Treppe errichtet; damals wurde der älteste Riegel wieder zugeputzt. Dass er jetzt wieder sichtbar ist, liegt darin begründet, dass dieses schöne Riegelwerk als geschlossene Einheit gegen den Hof abgelesen werden kann und für Basel des Alters und des ungestrichenen Holzes wegen eine Seltenheit darstellt.»

Im Innern des Hauses hat sich ein Täfer erhalten, das in spätbarocker Manier bemalt ist.

Erdgeschoss vor der Sanierung

44   46

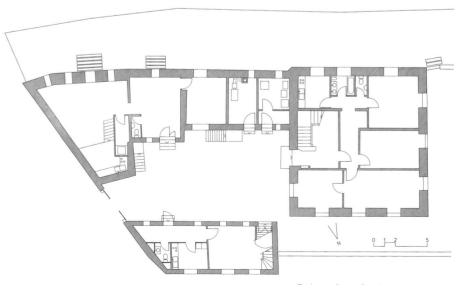

Erdgeschoss heute

Hof 1962

Schnitt Haus Nr. 44

Hof heute

◀
Haus Nr. 46. Dachstock heute

Haus Nr. 46. Dachstock vor der
Sanierung

Manieristisches Renaissance-
Fenster, auch als «Fränkischer
Erker» bezeichnet

Spätbarockes, bemaltes Täfer

Portal vom Anfang des 18. Jh.

St. Alban-Kirchrain 12 «Hirzlimühle» ❷

Architekt Peter Burckhardt, Basel

Das im 17. Jahrhundert erbaute Haus gehörte ursprünglich als Stall und Scheune zur «Hirzlimühle». Sie wurde zu Beginn des letzten Jahrhunderts zu Wohnzwecken umgebaut und 1841 um zwei Geschosse in Fachwerk, äusserlich ablesbar an dem hölzernen Gurtgesims, aufgestockt. Auf die Freilegung des Fachwerks wurde bei der Sanierung verzichtet und so das zu Beginn unseres Jahrhunderts wahrscheinlich nach älterer Vorlage aufgemalte Wandbild erhalten. Es zeigt den heiligen Alban von Mainz, der sein abgeschlagenes Haupt zur Begräbnisstätte trägt.
Die Sanierung geschah ohne tiefgreifende strukturelle Veränderungen unter weitgehender Wiederverwendung von Fenstern, Türen und Böden und darum relativ kostengünstig. Die Waschküche mit Maschine und Tumbler sowie der Estrich liegen im 2. Obergeschoss, von den oberen Wohnungen und den unteren gleich gut erreichbar. Da das Haus nicht unterkellert ist, liegen Heizung, Abstellraum für Vorfenster u.a. im Erdgeschoss.

Dachgeschoss

3. Obergeschoss
Fünfeinhalbzimmer-Maisonnettewohnung, Vierzimmer-Maisonnettewohnung

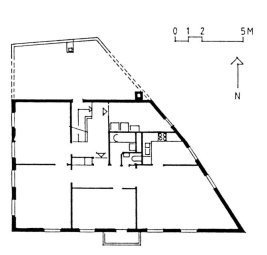

▶ Schnitt N–S

2. Obergeschoss
Vierzimmerwohnung, Waschküche, Estrich

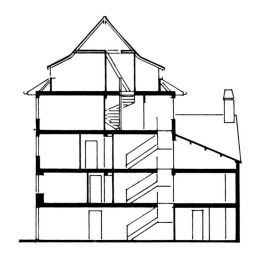

Links Museum für Gegenwartskunst (ehemalige Papierfabrik). Rechts Jugendherberge (ehemalige Bandfabrik).

Die alte Stadt in der ganzen Stadt

Bauen als gesellschaftlicher Prozess

Deutsche Sprachphilosophen haben auf die bedeutungsreiche Herkunft des Wortes «Bauen» hingewiesen. Es gehöre zum selben Wortstamm wie das Wort «bin» in seiner Bedeutung «ich bin, du bist». Im Begriff des «Nachbur», desjenigen, der neben uns baut oder neben uns ist, finden wir diese alte Wortbedeutung noch. Bauen weist also darauf hin, wie wir sein wollen. Wir erleben das immer wieder in der Stadt: Der Unternehmer, der mit seinem repräsentativen Geschäftssitz die Bedeutung seiner Firma deutlich machen will; die Baugenossenschaft, die ihre soziale Verpflichtung dokumentieren will; die politische Körperschaft, die mit ihrem öffentlichen Bau, sei es Universität oder Altersheim, ihre politischen Ziele realisieren will.

So entstanden auch alle Teile der Stadt: Immer wieder bildeten sich in der Stadt neue Bedürfnisse und Zielsetzungen, die durch Bauherren in eine gebaute Form umgesetzt wurden. Die Gestalt dieser Bauten wird zur Spiegelung einer gesellschaftlichen, wirtschaftlichen und kulturellen Situation. Später werden dann aus Neubauten langsam altvertraute Freunde, so wie uns Kinder nach einigen Jahren plötzlich als Erwachsene gegenübertreten.

Die Altstadt als gebaute Stadt

Das Spezielle der Altstadt ist, dass sie schon immer da war. Wir haben sie nie «neu» erlebt, wir kennen auch die Menschen nicht, die sie gebaut haben. So ist sie zu einem gewissen Grad anonym, generell, unspezifisch. Die einzelnen Häuser treten zurück und bilden einen deutlich identifizierbaren Teil der Stadt: die Altstadt. Zum Speziellen wird das Ganze, das sich als etwas anderes von der Stadt abhebt. Die Haltung der Öffentlichkeit gegenüber der Altstadt ist so auch nicht das Resultat ihrer Einstellung gegenüber den einzelnen Häusern, sondern das Ergebnis einer Haltung gegenüber dem Ganzen. Die Art, wie sich eine Gesellschaft versteht, äussert sich deshalb in ihrer Haltung gegenüber der ganzen Altstadt. Ob sie vergammelt, abgerissen werden soll, ersetzt oder herausgeputzt wird, ist ein politischer Prozess, der sich auf das Ganze bezieht. Die Veränderungen der ganzen Stadt über ihre individuellen Teile sind viel anonymere Prozesse, die von der Öffentlichkeit zwar registriert, aber viel weniger bewusst zur Kenntnis genommen werden.

Die Basler Altstadt als Spiegel des Selbstverständnisses der Basler Politik

1949 beschloss der Grosse Rat des Kantons Basel-Stadt einen Baulinienplan, der vorsah, wesentliche Teile der Grossbasler Altstadt abzubrechen. 1974 erst hob er ihn wieder auf, und 1976 bewilligte er die finanziellen Mittel für die Sanierung des seinerzeit zum Abbruch vorgesehenen Stadtteiles. Am Wandel der Einstellung gegenüber den drei Liegenschaften Imbergässlein 27–31 lässt sich dies sehr anschaulich dokumentieren.

Was hatte sich im Selbstverständnis der Basler in diesem Zeitraum geändert? Man könnte es als ein Hin- und Herpendeln zwischen fortschrittlichen und konservativen Tendenzen zu erklären versuchen. So wie um 1400 mit der neuen Stadtmauer ein neues Basel ausgegrenzt worden war oder in der zweiten Hälfte des 19. Jahrhunderts nach der einsetzenden Industrialisierung riesige Baugebiete um Basel neu erschlossen worden waren, wäre auch die Zeit der radikalen Wegsanierung der Altstadt als Pendelausschlag städtischer Energie zu lesen. Das Zeitalter der Zunftmeister, des Biedermeier oder die Nostalgie der siebziger Jahre würden dann den dazwischenliegenden stärker bewahrend orientierten Zeiten entsprechen.

Für mich ist die Aufgabe der radikalen Sanierungspläne für die Basler Altstadt mehr als nur ein Wechselspiel der Kräfte. Selbstverständlich hat man die Tendenz, einem Ereignis, dem man sehr nahe steht, mehr Gewicht zu geben, als ihm in der Geschichte vielleicht gebührt. Trotzdem meine ich, dass der politische Beschluss, auf diese andere Art mit der Altstadt umzugehen, ein Zeichen eines sehr grundsätzlichen Wandels im Umgang der Gesellschaft mit der Stadt signalisiert. Was sich 1961 mit dem Fackelzug als Protest gegen den Abbruch der Stallungen des Rosshofs abgezeichnet hat, ist nicht nur eine Reaktion auf eine zu rasche Veränderung der vertrauten Umwelt.

Die Stadt in der Moderne

Das Projekt für die Stadt der Neuzeit war ein Neubauprojekt. Die vorhandene, historisch gewachsene Stadt schien den Anforderungen der neuen Zeit in keiner Weise mehr gerecht. Dafür gab es soziale Wurzeln: Die Industriestadt des 19. Jahrhunderts hatte menschenunwürdige Städte entstehen lassen. Es gab politische Gründe. Die Revolution von 1848 in Paris hatte sich in den verwinkelten Gassen der Altstadt verschanzt. Es gab ideologische Motive. Karl Marx glaubte, dass sich nur durch eine Auslöschung der Unterschiede zwischen Stadt und Land der Kapitalismus überwinden liesse. Es gab gesellschaftliche und wirtschaftliche Ziele. Die Erfindung des Automobils erzeugte die utopische Vision einer neuen Stadt, deren Gestalt von den neuen Möglichkeiten der individuellen Mobilität bestimmt war.
Bis in die Mitte des 19. Jahrhunderts war Bauen in der Stadt im wesentlichen von der Auseinandersetzung mit dem Bestehenden bestimmt gewesen. So lässt sich in der Bausubstanz des alten Rosshofs, der sich jetzt nach der Renovation als ein anscheinend nach einem Gesamtplan erstellter Bau des Endes des 18. Jahrhunderts präsentiert, eine 400 Jahre lange Baugeschichte ablesen. Diese Haltung hatte sicher ökonomische Gründe, ich meine aber auch kulturelle. Die Moderne brach mit dieser kulturellen Haltung. Die ideale Stadt war eine ausserhalb der vorhandenen Stadt errichtete, ganzheitlich geplante neue Stadt. In der vorhandenen Stadt waren die bestehenden Gebäude weitgehend Störungen bei der Suche nach dem Bau der idealen Stadt. Die Planung dieses Vorhabens wurde im wesentlichen von funktionellen Zielen bestimmt. Zum Prototyp der neuen Stadt wurde das Hochhaus, in dem die Ziele der Moderne ungestört realisiert werden konnten. Für die Moderne war die vorhandene Stadt nicht mehr ein Subjekt, sondern wurde zum Objekt, das sich den utopischen Zielsetzungen der Gesellschaft zu unterziehen hatte.

Die neue politische und kulturelle Situation

Heute können wir nicht wieder vor die Zeit der Moderne zurückgehen. Wir haben Grundsätzliches erfahren, das nicht rückgängig zu machen sein wird. Dies führt zu einer anderen Haltung gegenüber der Stadt. Sie hat sich im speziellen in einer anderen Haltung gegenüber der Altstadt ausgewirkt. Welches sind diese Erfahrungen?
Während die Moderne von der Unendlichkeit der Ressourcen ausging und so mit Überzeugung den Ersatz der Stadt zum Ziel der Stadtplanung erklären konnte, wissen wir heute, dass die Erhaltung von wertvoller Bausubstanz Priorität haben muss.
Während die Moderne den Menschen auf seine rationalen Bedürfnisse reduzierte und so glaubte, mit dem funktionell richtigen Produkt alle Bedürfnisse lösen zu können, haben wir wieder erkannt, dass es auch so etwas wie eine mit der Geschichte verbundene emotionale Qualität der Stadt gibt.
Während die Moderne die Geschichte der Stadt zur Folklore reduziert hat, entsteht wieder ein Bewusstsein für die Bedeutung der geschichtlichen Kontinuität der Stadt.
Was bedeutet das für das Bauen in der Altstadt in einer postmodernen Situation?
In der öffentlichen Diskussion über postmoderne Architektur wird der Begriff «Postmoderne» leider meistens nur auf die ästhetische Dimension bezogen. Es geht aber, wie oben versucht wurde zu zeigen, um viel generellere Fragen. Die drei Stichworte «Substanz», «Qualität» und «Geschichte» werden dabei zu Leitmotiven.
Einer der mit der Sanierung eines der Altstadthäuser beauftragten Architekten, der modernen Tradition verpflichtet, war überzeugt, nur mit einem flexiblen Wohngrundriss die gewünschte Wohnqualität erreichen zu können. Dazu mussten die vorhandenen Zwischen-

Am 11. März 1961 demonstrierten Tausende Baslerinnen und Basler, voran die Tambouren der «Alten Stainlemer», gegen den Abbruch, der dem Rosshof wegen eines für 2000 Autos geplanten Parkhauses drohte: «Dr Rosshof sy lo – kai Autosilo».

wände herausgerissen und durch Schiebewände ersetzt werden. Schiebewände, damit man sie wirklich schieben kann, benötigen aber horizontale Böden. Böden sind jedoch in fast jedem mittelalterlichen Haus schief. Also mussten die historischen Deckenbalken ersetzt werden. Am Ende des Prozesses entstand hinter einer historischen Fassade ein «neues» Haus. Das Beziehungsnetz von Substanz – Qualität – Geschichte wurde durch ein anderes Netz ersetzt. Ich meine, dass das nur dann geschehen sollte, wenn das alte Netz so schwach geworden ist, dass es nicht mehr trägt. Die moderne Beurteilung der Basler Altstadt hatte ihr diese Tragkraft abgesprochen. Die in diesem Buch dokumentierte Sanierung zeigt, welche Ressourcen in dem zur Zerstörung vorgesehenen Teil der Stadt noch vorhanden waren.

Sanierung als kontinuierlicher Prozess

Eines der Merkmale der Moderne war ihr Ewigkeitsanspruch. Man war überzeugt, die definitiv richtige Gestalt oder die abschliessende rationale Erkenntnis erreicht zu haben. Etwas von dieser Haltung übertrug sich auf die Gegenreaktion der siebziger Jahre. Nichts mehr sollte verloren gehen, nichts mehr sollte verändert werden. Mit Gesetzen und Vorschriften sollte auf ewig die Bewahrung des Vorhandenen sichergestellt werden. Eine Stadt ist aber, wie ausgeführt, die Spiegelung der Art, wie die Menschen auf der Erde leben wollen. Aufgabe einer demokratischen Politik ist, sicherzustellen, dass die Stadt auch wirklich diesen Vorstellungen entspricht und nicht von Anliegen weniger vergewaltigt wird. Sie muss deshalb vor Eingriffen bewahrt werden, die den kollektiven Vorstellungen nicht entsprechen. Sie muss aber auch den Spielraum offen lassen, um den gesellschaftlichen Veränderungen gerecht zu werden. Sicher muss aber die vorhandene Substanz mit ihrer Geschichte und ihrer emotionalen Qualität den festen Rahmen bilden, in denen Veränderungen sich abspielen können. In jedem Fall wird in der Altstadt die Nutzung der Bauten der Substanz und nicht die Substanz der Nutzung angepasst werden müssen.

Vor einigen Jahren hat in Basel ein internationaler Kongress über Denkmalpflege stattgefunden. An dieser Veranstaltung war auch Mali vertreten, das durch seine fantastischen Lehmbauten aus luftgetrockneten Ziegeln berühmt ist. Trotz seiner Lage in der Sahelzone regnet es nun trotzdem in Mali hin und wieder, was bei dieser Bauweise offensichtlich zu grossen Problemen führt. Aus der Sicht des Denkmalpflegers aus Mali ergeben sich zwei wesentliche Massnahmen:
– die handwerklichen Fähigkeiten im Land erhalten, damit diese Bauten nach einer Zerstörung wieder rekonstruiert werden können und
– ein kulturelles Klima erhalten und pflegen, das die Wiederherstellung derartig kunstvoller Bauten wieder fordert.

Diese beiden Forderungen gelten in übertragenem Sinn auch für Basel. Wir werden uns sorgfältig um die bauliche Substanz der Basler Altstadt kümmern müssen, wir werden uns aber auch darum kümmern müssen, dass ihre kulturelle Substanz erhalten bleibt. Dazu soll dieses Buch einen Beitrag leisten.

Carl Fingerhuth
Kantonsbaumeister

Bäumleingasse 11
«Zem Hirtzen»

Architekten Winter, Trueb, Ellenrieder, Basel

DR. FRITZ BERGER
Basler Drummeldoggter
1895   1963
gwidmet vo de
Basler Fasnachts-Glygge

Die erstmals 1321 urkundlich erwähnte Liegenschaft war während zwei Jahrhunderten Amtswohnung von Lehrern «Auf Burg» und lange Zeit Wohnsitz von Dr. Fritz Berger (1895–1963), der als «Drummeldoggter» in die Geschichte der Basler Trommelkunst eingegangen ist. Eine Gedenktafel erinnert an ihn. Im Untergeschoss, das als Cliquenkeller eingerichtet ist, wird weiterhin getrommelt.
Der Grundriss des 1. und 2. Obergeschosses mit der Küche in der Hausmitte wurde beibehalten. Die Einrichtung einer Maisonnette-Wohnung im früher kaum genutzten Dachstuhl bedingte die Erstellung von Dachgaupen im 2. Dachgeschoss. Die Sanierung der gut erhaltenen Liegenschaft legte im 2. Obergeschoss eine bemalte Decke mit Akanthusrankenmotiven frei und gab dem Höflein mit der umlaufenden Laube den alten Charme zurück.

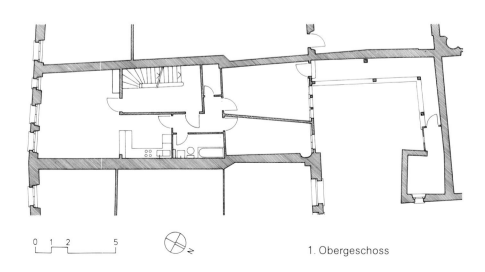

1. Obergeschoss

Münsterplatz 6, 7 ❹

Architekt Hans Ulrich Huggel, Basel

Die in spätmittelalterlicher und barocker Zeit umgebauten ehemaligen Wohnhäuser sind im Jahre 1938 für die Juristische Fakultät der Universität eingerichtet worden. Sie stehen unter Denkmalschutz. Nach 45 Jahren Institutsnutzung konnten sie 1983 wieder für Wohnzwecke freigegeben werden. Unter Einbezug bisher ungenutzter Dachräume wurden total 9 Wohnungen mit zweieinhalb bis fünfeinhalb Zimmern realisiert.

Im Haus Nr. 6 wurden wertvolle Barockelemente, Türen, Stuckdecken sowie Parkettböden restauriert und teilweise ergänzt und die vorhandene Raumeinteilung weitgehend übernommen. Im 2. Obergeschoss konnte eine mittelalterliche Deckenmalerei wieder sichtbar gemacht werden.

Im Haus Nr. 7 blieb nach Entfernung der Bibliothekseinrichtung des Juristischen Seminars nur eine nackte Halle. Die Treppenanlage und der gesamte Innenausbau sind neu.

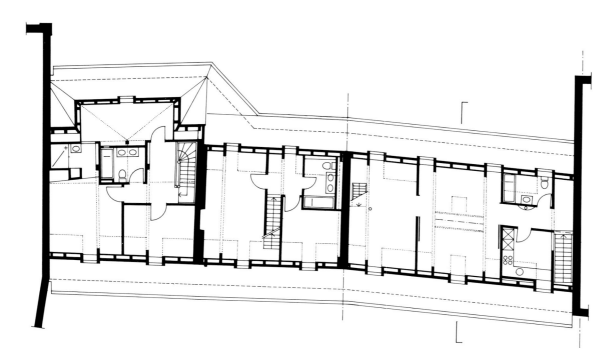

Dachgeschoss

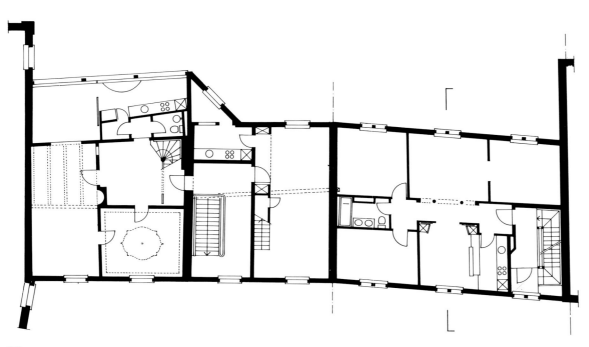

2. Obergeschoss

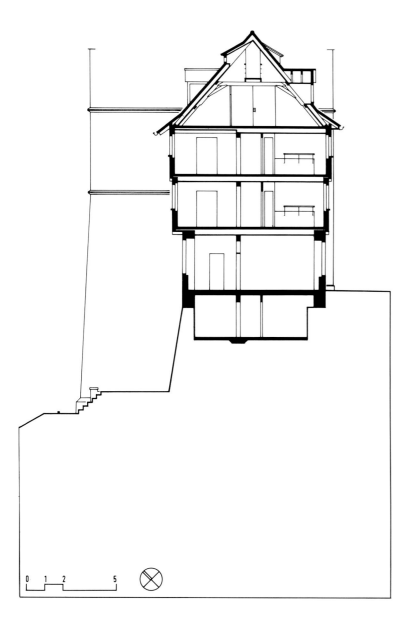

Als Ersatz für Balkone sind alle Wohnungen hausintern (Verbindungsgang im Untergeschoss) mit einem neuen Abgang zur gemeinsamen «Rheinterrasse» verbunden.

Das auf der Rheinseite fünfgeschossig erscheinende Haus enthält eine Vierzimmerwohnung vom 2. Untergeschoss bis zum Erdgeschoss und eine Siebenzimmerwohnung vom 1. Stock bis zum 2. Dachgeschoss.

Nr. 9 ist das 6. Haus von rechts. (Vor der Sanierung).

Augustinergasse 9 ❺
«Zun vier Hüsern»

Architekt Eric Müller, Füllinsdorf

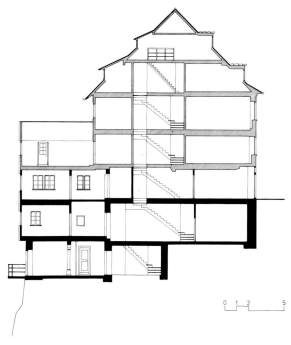

Die unter Denkmalschutz stehende, erstmals 1347 erwähnte Liegenschaft ist seit dem 16. Jahrhundert in Staatsbesitz und diente bis zum Anfang unseres Jahrhunderts als Wohnung eines Lehrers am Gymnasium. Damit mögen die astrologischen Wandzeichnungen im Zusammenhang stehen, die freigelegt wurden und Tierkreiszeichen und regelmässige Vielecke zeigen. Leider haben Unverständnis und Unsorgfalt einen Teil dieser bedeutenden Zeichnungen bei der Sanierung zugrunde gehen lassen.

Die Liegenschaft ist im Baurecht an einen Privaten abgegeben worden. Ursprünglich waren vier kleine und eine grössere Wohnung geplant. Die überraschende künstlerische Qualität des Hauses und neue Nutzungsvorstellungen des Baurechtnehmers hatten ein ganz neues Raumprogramm zur Folge.

Martinsgasse 18 «Zur Eisenburg»

Architekt Hugo Pfister, Basel

Bevor Architekt und Hochbauamt ihre Vorstellungen von einer objektgerechten Sanierung formulierten, war das unter Denkmalschutz stehende Haus «Zur Eisenburg» Gegenstand einer baugeschichtlichen Untersuchung durch die Denkmalpflege und das «Atelier d'archéologie médiévale Moudon». Die Analyse wies 5 Bauphasen nach. Vom zweigeschossigen Kern der Anlage in der ersten Phase ist noch die Balkendecke seines unteren Geschosses mit Resten einer Bemalung der ersten Hälfte des 15. Jahrhunderts erhalten.

Die weitere Entwicklung zeichnet Dr. Daniel Reicke von der Basler Denkmalpflege:

«In der nächsten Bauphase wird im Süden ein gleich hoher Bau angefügt. Um 1500 erhöhte man die zwei Hausteile gemeinsam und erstellte den noch bestehenden, durch seine hervorragende Zimmermannsarbeit bestechenden Dachstuhl über dem nun winkelförmig zusammengefassten Haus. Die Innenteilung des Hauses aus jener Zeit ist erhalten geblieben, und damit auch einige Räume mit der Ausstattung des 16. Jahrhunderts. Dazu zählen eine Täferstube von etwa 1500 im 2. Stock und die kleine Stube im 1. Stock des Nordflügels, welche an der Decke vertäfert ist und an den Wänden mit reicher, 1562 ergänzter Rankenbemalung verziert ist.
Vermutlich um 1600 wurde der Treppenturm an der Rückseite in den Winkel zwischen die zwei Hausteile gestellt.
Als letzten tiefgreifenden Umbau nennen wir die Umgestaltung der Hoffassade des Südflügels. Nach den damals geschaffenen drei- und zweiteiligen Öffnungen und dem zugehörigen vertäferten Innenraum zu schliessen erfolgte sie spätestens um 1700. Zwischen den zwei dreiteiligen Fenstern steht als Schmuckstück jenes Täferzimmers im 1. Stock des Südflügels eine kannelierte dorische Säule.»

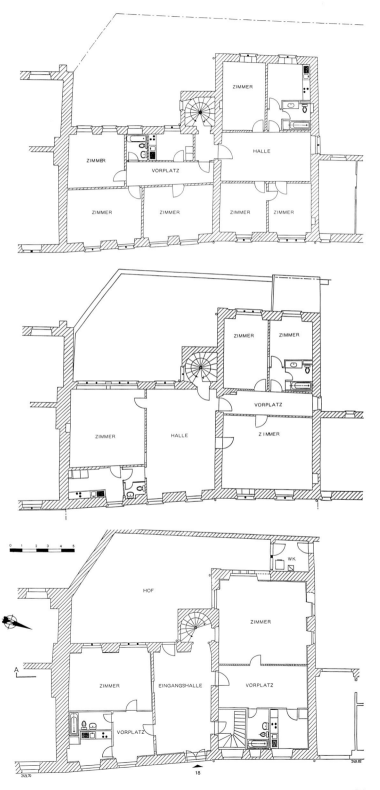

2. Obergeschoss. Dreizimmer- und Dreizimmerwohnung mit Halle

1. Obergeschoss. Vierzimmerwohnung mit Halle

Erdgeschoss. Zwei Einzimmerwohnungen

Rankenzimmer im 1. Obergeschoss

«In der 1562 datierten Ofennische im 1. Stock sitzt eine Eule unter dem Spruchband ‹alle fögel hassen mich, duent aber gresser sint dan ich›. Wie wenn sie den Spruch beweisen sollten, sind im Rankenwerk weitere Vögel abgebildet. Die Bemalung zeigt mit einer etwas volkstümlichen Naturliebe die von der Spätgotik noch durchdrungene Dekorationsart jener Zeit». **(D. Reicke)**

Die Rankenmalerei erreichte ihren Höhepunkt im 17. Jahrhundert, «wo sozusagen jeder Bürger, der auf sich hielt, Wände und Decken seiner Wohnzimmer mit Pflanzenranken bemalen liess.» **(Uta Feldges)**

Dekorationsmalerei 17. Jh.
im 2. Stock

Täferzimmer im 1. Stock des Südflügels

Halle im 2. Stock

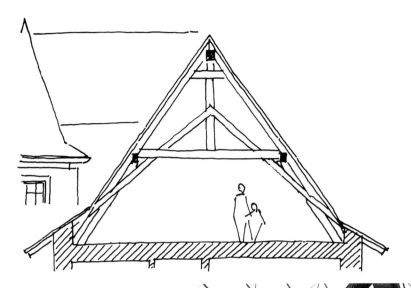

Der durch seine hervorragende Zimmermannsarbeit bestechende Dachstuhl.
«Die schwalbenschwanzförmige Verbindung und die Firstsäulen, die von Streben gehalten werden, weisen in die gotische Tradition zurück, doch die Grundkonstruktion als liegender Stuhl mit Mittelpfetten gehört schon zu den vom 16. Jh. an üblichen Typen». **(D. Reikke)**

Der Dachstuhl wurde als Estrich belassen.

Martinsgasse 7–15

Architekten Thomas Bally AG, Basel

❼ Rheinsprung 22, 24
«Zum alten markgräfischen Hof»

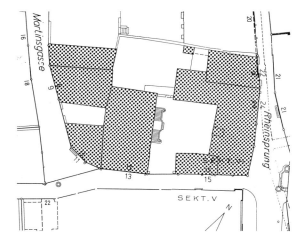

Der Komplex der 6 Liegenschaften diente vor der Rückwandlung in Wohnungen fast ausschliesslich verschiedenen Zweigen der Verwaltung; im Erdgeschoss von Haus Nr. 24 hatte der Lyzeum-Club seine Lokalitäten. Nach dem Auszug der Verwaltung sind 22 Wohnungen neu geschaffen worden.

Martinsgasse 7
Einfamilienhaus
Martinsgasse 9
3 Etagenwohnungen
Martinsgasse 11 und 13
6 Etagenwohnungen
Martinsgasse 15
1 Etagenwohnung

Rheinsprung 22
7 Etagenwohnungen
Rheinsprung 24
4 Etagenwohnungen

Rheinsprung 24, Zum alten markgräfischen Hof, mit Arbeitsräumen des Mathematischen Instituts der Universität im Erdgeschoss

Martinsgasse 7, die zu einem Dreieinhalbzimmer-Einfamilienhaus umgebaute einstige Remise der Liegenschaft Rheinsprung 20

In dem aus mehreren Teilen zusammengewachsenen Haus Martinsgasse 13, das sich nach aussen spätbarock gibt, besonders schön in der Freitreppe im Hof, steckt im Nordteil ein Kern, der auf das 12. Jh. zurückgeht. Etwas jünger datiert sind Mauerreste in einem südlich anschliessenden Keller, dessen gemalte Decke zu den ältesten profanen Malereien Basels zählt und in die Nähe der Deckenmalereien im Schönen Haus am Nadelberg 6 zu stellen ist.

Der Hof mit der Freitreppe auf der Frontseite von Haus Nr. 13, das ursprünglich ein Nebengebäude des alten markgräfischen Hofes war.

Balkendecke im Keller von Nr. 13 vor der Restaurierung. Die 12 erhaltenen Balken belegen einen Saal von 10 × 6 m Grösse, von dessen übriger Ausstattung leider nichts bekannt ist. Die Felder sind in mannigfacher Weise durch geometrische und vegetabile Muster belebt, wobei diese jeweils im Wechsel rot und grünlichgrau erscheinen. Neben einem einzigen figürlichen Teil, einem Kopf, steht eine Vielzahl von Schachbrett-, Netz- und insbesondere Wellenband-Motiven, Imitationen einer Marmorinkrustation. Zufolge der über die Jahrhunderte erfolgten Erhöhung des Strassenniveaus ist der Saal zu einem Keller geworden.

Da das Haus Nr. 13 total ausgekernt und der historische Dachstuhl wegen der neuen Wohnnutzung ganz abgetragen wurde, war die Sanierung in Presse und Ratsaal Gegenstand lebhafter grundsätzlicher und objektbezogener Auseinandersetzungen über die Erhaltung von Bausubstanz und über die Bedeutung ihres Alterswertes.

«Das Dachgeschoss war bisher stets ein Estrich. Zur Aufnahme von Wohnungen muss das Dach isoliert werden und das bringt so viel mehr Gewicht, dass der – als Estrich intakte – Dachstuhl an Sparren, Pfetten und Bindern hätte verstärkt werden müssen. Das führte zum Wunsch, das Dach abzubrechen. ... Von einer ‹sanften› Renovation kann jetzt an der Martinsgasse nicht mehr die Rede sein. Die Aussenmauern und einige wenige Balken über einem Kellerraum stehen noch. Alles andere ist ausgekernt.» (Urs Weber in der Basler Zeitung vom 18.4.84)

Dr. A. Wyss zur «Basler Zeitung»: «Mehr wäre nur zu retten gewesen, wenn man die Nutzung des Dachstocks reduziert hätte und wenn es bei den Verhandlungen über dieses Objekt mehr Einvernehmen gäbe.» Sündenfälle dieser Art ereigneten sich in der Folge nicht mehr.

Rheinsprung 20
«Zur Augenweide»

Architekt Peter Burckhardt, Basel

Der grosszügige Jugendstileingang gehört zum Bernoullischen Umbau von 1914.

Cheminée mit Intarsien in der Beletage.

Das Haus besteht aus zwei aneinandergebauten gotischen Häusern; die alte Scheidemauer trennt noch die beiden Teile. Im Barock wurden die Häuser zusammengezogen und im 19. Jahrhundert umgebaut. Der letzte tiefe Eingriff geschah 1914 unter der Leitung des grossen Basler Architekten Hans Bernoulli (1876–1959). Seine Hand ist an mehreren Orten spürbar: Gestaltung des Eingangs, Halle mit Wandbrunnen, Achse in den Garten, Ausstattung im 1. Stock mit Täfer, Rundschrank, Cheminée, die Toiletten und Bäder mit den uni-hellgrauen Steinzeugbodenplatten.

Eingangshalle mit Brunnennische in der alten Trennmauer der ursprünglich zwei Häuser.

Am Anfang der rheinseitigen Häuserzeile das Haus Rheinsprung 17. Rechts der Wendelstorferhof, das «Weisse Haus», dahinter anschliessend das Haus «Zur Augenweide».

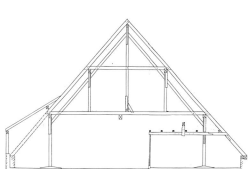

Obere Ebene mit Galerie der Maisonnettewohnung im 1. und 2. Dachgeschoss.
◂◂

In dem einstigen Einfamilienhaus war zuletzt das Seminar für Ur- und Frühgeschichte untergebracht. Im Erdgeschoss ist heute der Lyzeum-Club zu Hause. Im 1. Stock, der früheren Beletage, ist eine grosszügige Vierzimmer-, im 2. Stock eine Fünfzimmerwohnung eingerichtet. Der mächtige gotische Dachstuhl enthält in der unteren Ebene eine Dreieinhalbzimmer- und dazu eine Viereinhalbzimmer-Maisonnettewohnung.

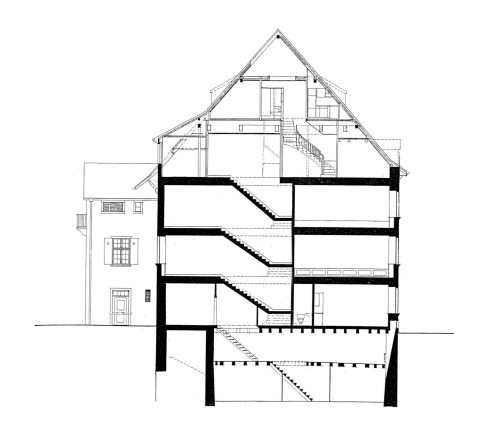

Galerie

2. Dachgeschoss

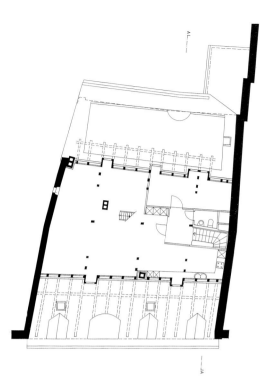

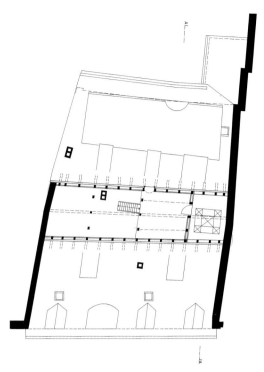

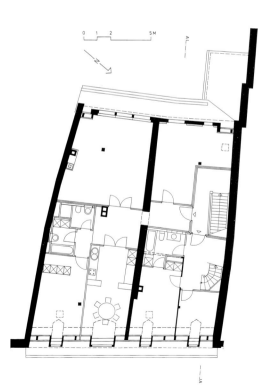

1. Dachgeschoss

Den Dachstuhl erhalten? Ein von anderer Hand ausgearbeitetes Vorprojekt sah den Abbruch das Dachstuhls vor, dessen Ständerkonstruktion auf Grund von dendrologischen Untersuchungen in das 15. Jh. datiert wird. Damit konnten sich Denkmalpflege und Bauherr nicht einverstanden erklären: «Stehender Stuhl, Kehlgebälk, Büge, Kniestock und Sparren bilden eine Einheit und sind als Ganzes erhaltungswürdig. Wegen seines Alters und seiner leichten und eindrücklichen Konstruktion handelt es sich um ein Denkmal im Denkmal.» Leitgedanke für das Projekt von Peter Burckhardt war darum die Erhaltung des Dachstuhls.

Den Dachstuhl ausbauen? Architekt und Bauherr: «Ein Dachstuhl wird bei sinnvoller Nutzung am besten erhalten. Es besteht ein echtes Bedürfnis nach Wohnraum im Stadtzentrum über dem Rhein.» Der Denkmalpfleger: «Kaltdächer sind besser zu erhalten, denn altes Holzwerk erhält sich im kalten Dach am besten. Darum kein Ausbau über dem Kehlgebälk!» Generell ist dieser Auffassung beizupflichten. Andere Dachstühle wie Martinsgasse 18 und Nadelberg 20 wurden denn auch nicht ausgebaut.

Trotz dieser intensiven Nutzung wurden auf der Rheinseite keine zusätzlichen Fenster angebracht, um das Ziegeldach an dieser heiklen Stelle im Stadtbild nicht zu verändern.

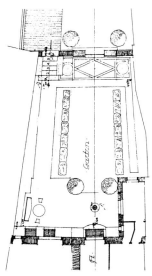

Gartenplan von H. Bernoulli

Der nach dem Plan von Hans Bernoulli aus dem Jahr 1914 neu angelegte Garten. Hinten mit Mansarddach die frühere Remise, heute Einfamilienhaus Martinsgasse 7.

Rheinsprung 17 «Zue St. Oswaldt Pfruendhus»

Architektin Silvia Gmür, Basel

❾

In der Bildmitte das Haus Nr. 17 (mit Treppe)

Das eng an die hohe Stützmauer des Rheinsprungs geklebte «St. Oswaldt Pfruendhus», zu dem unten an der Rheinhalde ein romantisches Gärtlein mit Fischergalgen gehört, bildet den Abschluss der rheinseitigen Häuserzeile des oberen Rheinsprungs. Es wird 1495 erstmals erwähnt und diente bis ins letzte Jahrhundert Lehrern des Gymnasiums als Wohnung. Schon 1564 wurde bei einem Verkauf festgelegt, dass «kein Tagloch und keine weiteren Fenster gegen die Strasse eingebaut und ebenso der Kamin nicht höher geführt werden dürfe.» Und dabei ist es geblieben. So duckt sich das von der Strasse her zweigeschossige Haus noch immer gleich vor den hohen Nachbarn dahinter. Die Anbauten an der Seite gegen das Gärtlein stammen aus dem 19. Jahrhundert.
Das Einfamilienhaus wurde im Baurecht abgegeben. Es steht unter Denkmalschutz.

Die Projektverfasserin schreibt dazu:

«Der Sanierungsauftrag unterscheidet sich nicht von jeder anderen Bauaufgabe, ausser dass die Kriterien für die Bewertung anders gewichtet werden müssen. Die sinngemässe Erhaltung des Objekts steht in diesem Falle vor den materiellen Ansprüchen des Eigentümers.
Sanierungsarbeit ist nicht reproduktiv, sondern analytisch und entwerferisch kreativ, auch wenn das Ergänzende dem Vorhandenen untergeordnet werden muss. Sie darf nie als Auftrag zum Neubau hinter historischer Kulisse aufgefasst werden; aber ebensowenig kann sie ohne Spuren bleiben. Sie ist die Synthese von Alt und Neu im Sinne der Kontinuität eines Bauwerks, aber auch im Sinne eines neuen Gleichgewichts.
Jedes Bauwerk oder Baudenkmal ist Zeuge eines fortwährenden Veränderungsprozesses. Der Eingriff darf die Vergangenheit nicht verunklären und die Gegenwart nicht demonstrativ in den Vordergrund stellen. Die Beispiele der Vergangenheit sind uns Vorbilder dafür, dass jeder neue Eingriff eine Aussage zur Gegenwart sein muss.
Das Ziel der Sanierung ist, dem Bau, der uns wertvoll ist und den wir erhalten wollen, die Bedingungen für weitere Lebensphasen zu geben. Dies nicht im Sinne eines definitiven oder gar letzten Stadiums, sondern im Sinne weiterer Aussagefähigkeiten und Kontinuität.»

Westfassade. Zeichnung von H. Meyer-Kraus, 1850–1858 hier wohnhaft.

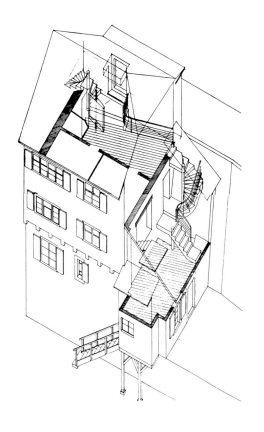
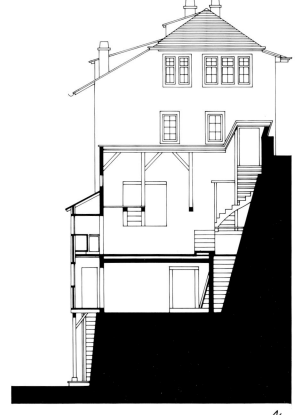

▶▶
Grundriss Eingangsgeschoss

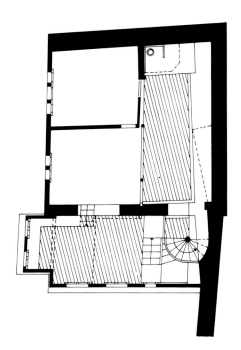
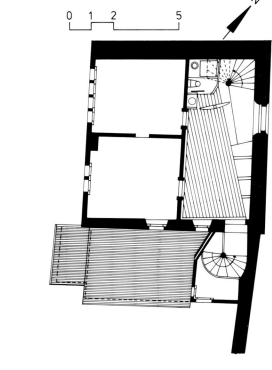

Grundriss 1. Untergeschoss

«Der Alterungsprozess beim Haus wird räumlich spürbar in den Schrägen der Wände und Decken, in der Durchbiegung der Holzkonstruktion. An diesen Bauteilen wurden absichtlich keine Korrekturen vorgenommen. Das räumliche, betastbare Sichtbarmachen des Alters als Zeichen einer langen Vergangenheit hat mich fasziniert und zu einer formalen Gestaltung meiner Eingriffe geführt.»

«Alte Substanz und neue Ergänzung sollen nicht miteinander vermischt werden, da sonst die Geschichte nicht mehr nachvollzogen werden kann.»

«Die notwendigen konstruktiven Verstärkungen des Systems sind ablesbar, auswechselbar und nicht aus der mittelalterlichen, sondern heutigen Technologie entstanden.»

Stadtkernforschung, Forschungsstand 1989

Untersuchungsgebiete und Entwicklungsphasen innerhalb des Inneren Grabenrings.
Zeichnung: H. Eichin

Entwicklungsphasen

- I Antiker Kern, Münsterhügel
- II Stadtkern 11. Jh., Burkhardsche Stadtmauer
- III Erweiterung 12. Jh.
- IV Innere Stadtmauer, 13. Jh.
- B Graben Bäumleingasse, seit keltischer Zeit
- B1 Seitengraben, Mittelalter

Grabungen vor 1978

- A Münsterhügel, diverse
- C Petersberg/Storchen
- D Leonhardskirche
- E Peterskirche
- F Barfüsserkirche

Leitungsgräben 1978/79

- A Münsterhügel, diverse
- R Luftgässlein
- S Rittergasse

Untersuchungen seit 1978, staatliche Sanierungen

- A Münsterhügel, diverse
- G Rosshofareal, Rosshofgasse, Nadelberg 20
- H Nadelberg 24, 32, 37 und Spalenhof
- J Areal Stadthausgasse/ Schneidergasse/Andreasplatz/Imbergässlein/ Pfeffergässlein
- L Gemsberg/Unterer Heuberg
- P Rathaus
- Q Antikenmuseum
- U Nadelberg 4 (Engelhof)
- V Leonhardsgraben
- W Petersgraben

Untersuchungen seit 1978, private Sanierungen

- A, J, L, V, W siehe oben
- K Märthof
- M Gerbergasse 71–75
- N Freie Strasse 56
- O Freie Strasse 63, 65
- T Deutschritterkapelle, Rittergasse 29

Altstadtsanierung und Stadtkernforschung

Das oberste Ziel und der Sinn eines Auftrags zur Stadtkernforschung liegen letztlich darin, ein ganzheitliches Bild von Umwelt, Lebensqualität und Lebenszuschnitt zu rekonstruieren, die Ergebnisse den Stadtbewohnern bewusst zu machen und sie den heute verantwortlichen Stadtplanern zur Verfügung zu stellen.

Aufnahme und Archivierung archäologischer Substanz

Jeder bauliche Eingriff zerstört zwar historische Substanz, erschliesst jedoch bei fachgerechter Betreuung neue archäologische Quellen für die Stadtgeschichte. Die Sanierung der zahlreichen staatlichen und privaten Altstadtliegenschaften während der letzten 12 Jahre hat wichtige Impulse für die Erforschung der mittelalterlichen Stadt geliefert. Die Ergebnisse der praktisch ausnahmslos unter idealen Bedingungen und in gutem Einvernehmen mit Bauherrschaft und Architekten durchgeführten Untersuchungen gestatten es uns heute, ein in mancher Beziehung sehr genaues Bild von der Entwicklung der mittelalterlichen

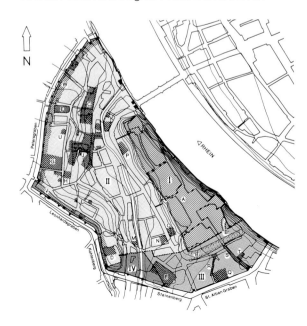

Stadt zu rekonstruieren. Der Kenntnisstand über die Stadtentwicklung wächst mit jeder Grabung, auch wenn nicht immer alle Fragen beantwortet werden können. Unser Wissen entspricht jeweils einer Momentaufnahme, die stets geprüft und gegebenenfalls revidiert werden muss.

Ein Blick auf den Situationsplan zum Forschungsstand 1989 zeigt die während der letzten Jahre in der Altstadt Grossbasels systematisch untersuchten Flächen. Bis in die späten siebziger Jahre galt das Interesse vor allem dem antiken Basel – insbesondere dem Münsterhügel – und den keltischen Siedlungen bei der alten Gasfabrik, den frühmittelalterlichen Gräberfeldern und den Kirchengrabungen. Aufsehenerregende Befunde zur mittelalterlichen Besiedlung der Talstadt kamen in den dreissiger und fünfziger Jahren am Petersberg zutage, beim Bau des Spiegelhofs und des Storchen. Trotz dieser für die Mittelalterarchäologie über die Grenzen unseres Landes hinaus bedeutsamen Grabungen setzte die systematische Siedlungsarchäologie im mittelalterlichen Stadtkern erst mit den Altstadtsanierungen in den späten siebziger Jahren ein.

Auswertung: Überblick über die baugeschichtliche Entwicklung der mittelalterlichen Stadt

Sowohl vom Grossbasler wie vom Kleinbasler Stadtkern haben wir heute konkrete Vorstellungen zur baulichen Entwicklung. Während aus frühmittelalterlicher Zeit, vom 5. bis 8. Jh., aus dem Gebiete des Münsterhügels, dem eigentlichen Kern unserer Stadt, nur wenige Siedlungsbefunde bekannt sind, werden gegen 800 n. Chr. sowohl im historischen wie im archäologischen Quellenmaterial Hinweise auf einen Neubeginn greifbar.

Ausserhalb des Bischofssitzes, der seit dem 8. Jh. auf dem Münsterhügel belegt ist, liegen aus karolingischer Zeit nur spärliche Reste frühstädtischer Strukturen vor. Keramikfunde und Siedlungsspuren aus dem 9. und 10. Jh. finden sich in der unteren Talstadt am Birsig, an den beiden Ufern des Rheins und entlang

Stadthausgasse 14–20, baugeschichtliche Entwicklung

Zeichnung: H. Eichin

Die gerasterte Fläche entspricht dem Bauzustand im 19. Jh. (gemäss Löffelplan).

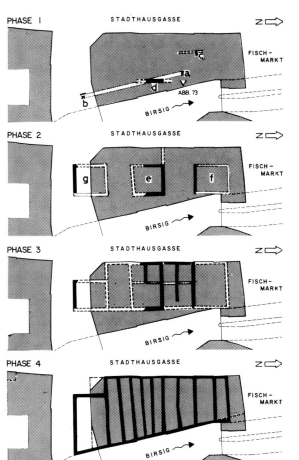

Phase 1: a/b Uferverbauung am Birsig, c Mauerrest mit Lehmboden, d Mauer aus Kieselwakken im Lehmverband, 10./11. Jh.

Phase 2: e/f/g quadratische Kernbauten, 11. Jh.

Phase 3: Erweiterung gegen Stadthausgasse und Ausbau zwischen Kernhäusern, 12. Jh.

Phase 4: Umbauten, Parzellenteilung und Ausbau gegen Birsig, Ende 13. Jh.

der wichtigen Verkehrswege und sind als Hinweise auf mittelalterliche Handelsbeziehungen und Marktstellen zu werten. Unter der Gunst der deutschen Kaiser setzt im 11. Jh. eine rasche Entwicklung zur befestigten hochmittelalterlichen Stadt ein. Während sich auf dem Münsterhügel im Umfeld des Bischofs allmählich eine höfische Gesellschaft etabliert, lassen sich in der Talstadt am Birsig Handwerker und Kaufleute nieder. Hier setzt um die Jahrtausendwende eine dichte Besiedlung ein. Die Siedlungsreste zeugen von einer raschen Ausdehnung und Entwicklung der Gewerbesiedlung im Laufe des 11. Jh. Holzbauten aus dem 10. und 11. Jh. bzw. deren archäologische Reste können heute in der Talsohle von der Birsigmündung bis zum Barfüsserplatz nachgewiesen werden. Bereits im späten 11. Jh. werden in der Talstadt erste profane Steinbauten errichtet. Grabungen und Bauuntersuchungen an der Stadthausgasse, an der Schneidergasse und am Andreasplatz vermitteln Einblick in die bauliche Entwicklung.

Die ersten Kernbauten aus Stein bilden eine zurückversetzte Baulinie hinter den längs der Strasse stehenden Holzbauten. Zwischen den steinernen Gebäuden und den Holzhäusern lagen Werkhöfe mit Feuerstellen. Wie die archäologischen Funde nahelegen, dürfte es sich bei den Holzbauten um Werkstätten und Buden, möglicherweise auch um Speicher und Lagerräume gehandelt haben, während die Steinhäuser zu Wohnzwecken dienten. Diese vom 11. bis ins 13. Jh. gültige Gliederung der Liegenschaften erfährt im 14. Jh. eine Änderung. Die Grundstücke werden in lange Riemenparzellen unterteilt und bis zur Strasse mit Steinhäusern überbaut. Dabei entsteht das heute noch für gewisse Strassenzüge typische Bild, das durch schmale mehrstöckige Altstadthäuser mit ebenerdigen Läden und Werkstätten charakterisiert wird.

Bereits um 1100 setzt die Besiedlung oberhalb des Talhanges am Rande des Plateaus, westlich des Birsigtales, ein. Entlang der hier im späten 11. Jh. errichteten Stadtmauer waren Getreue des Bischofs angesiedelt worden, Ministeriale, denen der Schutz der Stadt anvertraut gewesen sein dürfte. Längs der Stadtmauer blieb die Besiedelung während des Hochmittelalters locker. Stellenweise wurde hier bis in die Neuzeit Gartenbau betrieben. Eine intensive bauliche Nutzung der an die hochmittelalterlichen Stadtmauern angrenzenden Parzellen setzte erst im 13. Jh. ein. Im 12. und 13. Jh. wurde schliesslich der Talhang westlich des Birsigs baulich erschlossen. Der Hang wurde von der Talsohle und vom Talrand her terrassiert und durch Stützmauern, die im Laufe der Zeit immer tiefer in den Berg hineingebaut wurden, gesichert. Als Beispiel für die Besiedelung zwischen Stadtmauer und Talrand sei auf die Untersuchungen im Zusammenhang mit der Rosshofüberbauung sowie der Renovation der Liegenschaft Nadelberg 20 verwiesen.

Rekonstruktion der baulichen Entwicklung und Funktion der Wehrmauer am Leonhardsgraben 47

Zeichnung: S.J. Tramèr

a) Feldseite b) Stadtseite

1 Burkhardsche Stadtmauer mit Parzellenmauer, 11. Jh.

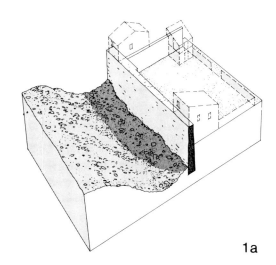
1a

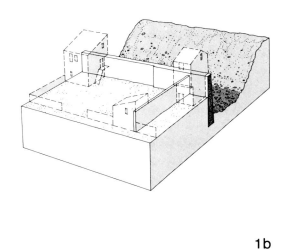
1b

2 Turm, 12. Jh. Rückseite rekonstruiert anhand von Baubefunden.

2a

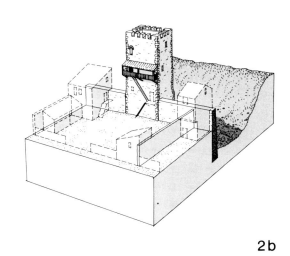
2b

3 «Innere» Stadtmauer mit Graben und Gegenmauer, 13. Jh. Der Rondenweg wird durch den Turm unterbrochen und ist über eine Rampe zugänglich.

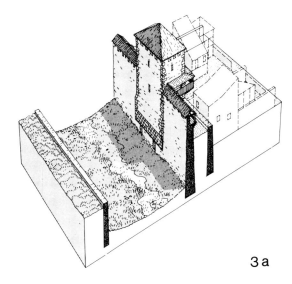
3a

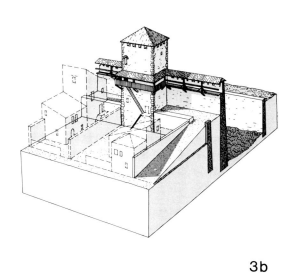
3b

Retrospektive: Leonhardsgraben gestern und heute

Fotos und Zeichnungen: S.J. Tramèr. Der Standort für Foto und Zeichnung ist identisch.

Der Leonhardsgraben um 1300. Die Ostwand des Turmes am Leonhardsgraben 47 ist noch bis in den Dachstock erhalten.

Retrospektive: Heuberg gestern und heute

Der Heuberg um 1200

Rekonstruktion der Lebensrealität: Die Entwicklung der Stadtbefestigung vom 11.–13. Jh.

Öffentlichkeitsarbeit und Planungshilfe

Archäologische und baugeschichtliche Erkenntnisse am Leonhards- und Petersgraben erzählen von einer politisch und stadtplanerisch dynamischen Epoche, die sich in den historischen Quellen nicht niedergeschlagen hat. Die Abbildungen illustrieren den Weg vom archäologischen Befund über die Rekonstruktion zur Retrospektive.

Im letzten Viertel des 11. Jh. gab Bischof Burkhard seinen Getreuen am Talrand oberhalb des Birsigtales Grundstücke zu Lehen mit der Auflage, dieselben zu befestigen und die Stadt vor kriegerischen Angriffen zu schützen. Die Grundstücke waren durch Parzellen- oder Hofmauern voneinander getrennt. Die adligen Gefolgsleute errichteten ihre Häuser – wohl Fachwerkbauten, allenfalls Holzbauten – unmittelbar hinter der Stadtmauer.

Im späten 12. Jh. wurden Mauertürme erstellt, die vom Bedürfnis nach einer zusätzlichen Sicherung der Befestigungsanlagen und von einem Wandel des Verteidigungskonzepts zeugen: Die im Stadtgraben an die Wehrmauer angebauten Türme ermöglichten den gezielten Einsatz einer Stadtgarde, die gleichzeitig die Unterstützung, aber auch die Kontrolle der innerhalb der Mauer ansässigen wehrbeauftragten Adligen garantierte. Diese Entwicklung entspricht den Interessen des Bürgertums, das sein Mitspracherecht sowie seine Beteiligung in Belangen der Stadtverteidigung schon im 12. Jh. durchzusetzen beginnt.

Die dritte Phase der Stadtbefestigung, die Errichtung der sogenannten Inneren Stadtmauer, ist eine logische Folge und Weiterentwicklung des oben umschriebenen Konzepts. Am Leonhards- und am Petersgraben wurden mit dem Vorrücken der Wehrmauer um durchschnittlich 3 bis 5 m vor die alte Stadtmauer ein Allmendstreifen zwischen den beiden Mauern gewonnen, der als Rampe und Rondenweg den Zugang grösserer Truppeneinheiten zur Wehrmauer und zu den Mauertürmen sowie Materialnachschub ermöglichte. Die Verteidigung erfolgt in einzelnen Abschnitten durch verschiedene Verbände.

Mit der Vermittlung der Forschungsergebnisse in der Öffentlichkeit trägt der Stadtarchäologe auch zur Entscheidungshilfe in der Stadtplanung und der Stadtpflege bei.

Eines der eindrücklichsten Beispiele für eine erfolgreiche Planungshilfe ist die Sanierung der Häuser an der Schneidergasse 2–12, wo das ursprüngliche Konzept «Krämerplatz» eine Auskernung der Hinterhöfe und einen Durchgang vom Andreasplatz zum Totengässlein vorsah. Sondierungen der Bodenforschung haben in diesem Fall in einer reichlich späten Planungsphase gezeigt, dass damit die wertvollste Bausubstanz zerstört würde. Dank der auf diese Voruntersuchungen abgestimmten Projektänderung ist die oben für die Basler Talstadt als typisch bezeichnete Entwicklung von den zurückversetzten Kernbauten zu den schmalen spätmittelalterlichen Riemenparzellen heute noch in diesen Häusern nachvollziehbar.

Die Archäologische Bodenforschung versucht, wenn immer möglich, Signale im öffentlichen Raum zu setzen. Sei es, indem archäologische Substanz konserviert und der Öffentlichkeit zugänglich gemacht wird, wie etwa der Wehrturm an der Schneidergasse, der Stadtmauerturm mit Informationen über die Stadtbefestigung im Teufelhof, der in die Ausstellung im Antikenmuseum integrierte Rückblick in die Antike Basels oder auch nur die Markierung des Grundrisses der Andreaskirche in der Pflästerung auf dem Andreasplatz. Je deutlicher die Zusammenhänge zwischen Vergangenheit und Gegenwart im täglichen Umfeld spürbar werden, desto wirksamer ist der Nutzen als Erinnerungs- und Identifikationswert.

In einer Altstadt, in der nur noch «umgebaut», jedoch kaum mehr «neu gebaut» werden kann, muss das gemeinsame Ziel von Stadtkernforschern und Planern sein, das Verständnis für eine geschichtsbewusste Stadtpflege und Stadtplanung zu fördern.

Dr. Rolf d'Aujourd'hui
Kantonsarchäologe

Blumenrain 2

Architekten Schwarz und Gutmann, Basel

Der 1902 als Resultat eines Wettbewerbs für den Sitz der Basler Kantonalbank errichtete Bau beherbergte zuletzt den Verkehrsverein und das Reisebüro der SBB. 1985 wurde das Haus für die erweiterten Bedürfnisse eines «Verkehrshauses» renoviert und dabei das Dach durch den Einbau von sechs modern konzipierten Wohnungen zu zwei und vier Zimmern einer neuen Nutzung zugeführt. Im Dachstock sind deswegen einige kleine und in der Südostfassade ein grösseres Fenster ausgebrochen worden.

Ein kurzer Blick zurück: Als 1938 das Gebäude zufolge des Umzugs der Bank an ihren heutigen Sitz verfügbar wurde, forderten zahlreiche recht prominente Freunde der Altstadt, dass dieser «Greuel und Schandfleck», diese «Bausünde» endlich beseitigt werde.
«Durch vollständige Entfernung des Gebäudes könnte das prachtvolle Rheinuferbild eine wertvolle neue Gestaltung erhalten.» (Präsident der Innerstadtkorrektionskommission 1938)

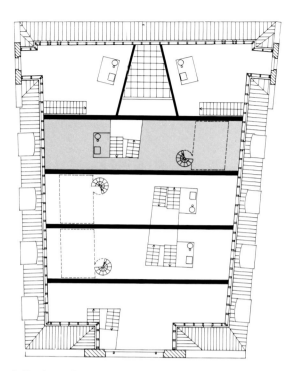

2. Dachgeschoss

1. Dachgeschoss

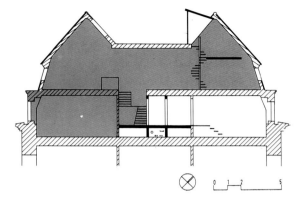

Die Wohnungen sind Maisonnettes mit durchgehendem Wohnteil zum Rhein und zur Stadt hin. Die Raumausweitung in der Horizontalen wie auch in der Vertikalen wird ermöglicht durch die Dachform, den zentralen Lichteinfall sowie das offene Treppenhaus.

Wohnen über den Dächern von Basel

Petersgraben 1

**Architekten Archi-Co, Basel
Bearbeitung Manfred Senn**

Der für die Basler Baukunst der Mitte des letzten Jahrhunderts stehende spätklassizistische Bau diente bis 1977 der Psychiatrischen Poliklinik und ging 1981 im Baurecht an die Genossenschaft für Wohngemeinschaften über. Der Verein für studentische Wohnvermittlung stellt hier Studenten Wohnraum zur Verfügung. Nach gelungener sanfter Renovation stehen 16 Zimmer, zwei Badezimmer, zwei Küchen und zwei Büros zur Verfügung. Einige Kostbarkeiten, Kachelöfen, Cheminées, Brünneli und Treppen aus der Zeit der Erstellung sind trotz des Funktionswandels erhalten geblieben.

Die Fassade rechts von Petersgraben 1 ist die Rückfassade von Petersgasse 20, sie steht auf der Inneren Stadtmauer. Der erdgeschossige Ladenvorbau, der mit der Sanierung seinen früheren Reiz wiedergewonnen hat, steht über dem ehemaligen Stadtgraben.

Petersgasse 20 «Zum hinteren Eptingen»

Architekten Zwimpfer, Meyer, Basel

Neben der Sanierung aller Teile der Holzkonstruktion im Keller und im Dach und der Balkenlagen waren alle Sanitär- und Elektroinstallationen zu erneuern. Für die drei Dreizimmerwohnungen ohne Bad gab es vorher nur ein WC im Erdgeschoss. Die Nutzungsart (Gewerberäume im Erdgeschoss, Dachstuhl nicht ausgebaut) blieb unverändert.
Die Sanierung brachte die gotischen Fassadenelemente, Haustüre und Fenster in den Obergeschossen sowohl auf der Vorderseite als auch auf der bekannteren und mehr beachteten Rückfassade gegen den Petersgraben neu zur Geltung. Das Innere des Hauses mit einer schönen Täferdecke und Teilen einer Deckenmalerei weist auf seinen einstigen hohen sozialen Rang hin, ist es doch das Stammhaus der bekannten Basler Familie Socin. In Keller, Erdgeschoss und 3. Obergeschoss blieben Teile der ursprünglichen Tragkonstruktion sichtbar.

Petersgasse 23 «Ringelhof»

Architekt Emil Ditzler, Basel

Der Ringelhof ist eines der wenigen Objekte, bei denen eine sanfte Sanierung genügte. Fassade und Dach wurden überholt, die Riegel auf zwei Seiten sichtbar gemacht, der Hof freigelegt und die aussenliegende Waschküche abgerissen. Die Nutzung mit 5 Zwei-, Drei- und Fünfzimmerwohnungen blieb unverändert.
Das Haus ist unter Denkmalschutz gestellt.

Petersgasse 26 «Zum vorderen Kohlerhof»
Architekt Walter G. Müller, Basel

◄ Barockzimmer im ersten Stock

Der «Vordere Kohlerhof» hätte vor 25 Jahren dem Korrektionsplan geopfert werden sollen; wenige Jahre später, im Jahre 1969, wurde er unter Denkmalschutz gestellt. Er ist einer der interessantesten bürgerlichen Barockwohnbauten. Der eigenwillige Kubus, der mit seiner abgewinkelten Fassade den Schwung der Strasse aufnimmt und weiterleitet, behauptet sich inmitten von modernen Grossbauten mühelos als Auftakt zur Altstadt. Fassade und Freitreppe wurden bei der Sanierung in den ursprünglichen Zustand versetzt.

Das Innere zeichnet sich durch einige handwerkliche Kostbarkeiten wie Rokoko-Stuckdecken, alte Böden, Türen mit Messingkastenschlössern sowie einen neu aufgerichteten Kachelofen aus.

Anstelle der Büroräume und einer Malerwerkstatt im Erdgeschoss sind Wohnungen getreten, ebenso anstelle der acht Mansardenzimmer. Insgesamt befinden sich heute acht kleinere und mittlere Wohnungen darin.

▶▶
▶
Kastenschloss. Spätes 18. Jahrhundert

Kastenschloss. 19. Jahrhundert

Im Zentrum des Stuckornaments das Allianzwappen der Familie Im Hof mit dem Seelöwen auf der linken Hälfte und der Lilie über dem Dreiberg auf der rechten Hälfte. Mitte 18. Jahrhundert

Stadthausgasse 20/ Marktgasse 14 «Zum Greifenstein»

Architekten Rasser + Vadi, Basel

Stadthausgasse. Die ganze Basler Stilgeschichte läuft vor uns ab: Nr. 14–18 haben eine gotische, Nr. 22 eine klassizistische und Haus Nr. 20 eine ausgewogene, spätbarocke Fassade aus dem 3. Viertel des 18. Jahrhunderts. Als letzte die 1915/16 errichtete Jugendstilfassade des Singerhauses. Das Haus steht unter Denkmalschutz.

Das linke Ufer des Birsigs zwischen Stadthausgasse und Fischmarkt vor seiner Überdekkung im Jahre 1889.

Der Mann im Birsigbett steht am Fuss von Haus Nr. 14.

Die Marktgasse 1990

Die Marktgasse 1971. Haus Nr. 14 ist das dritte von rechts.

Die auf einem bemalten Brett einer Bodenkonstruktion gefundene Halbfigur eines Mannes. 2. Hälfte 16. Jahrhundert.

Schnitt. In den Obergeschossen die bemalten Holzdecken unter den neu eingezogenen Betondecken.

Im Erdgeschoss ein Coiffeursalon und ein Schneideratelier, zu dem auch das 1. Obergeschoss gehört. Die oberen Geschosse und das Dachgeschoss bilden eine Maisonnette.

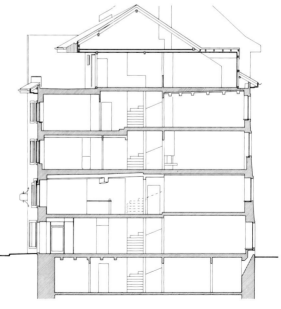

Es klingt wie im Märchen: In dem von einer Feuersbrunst heimgesuchten Haus waren nur noch die beiden unteren Geschosse benutzbar, die oberen seit 1947 nicht mehr zugänglich. Die Gipsdecken, die dem Feuer widerstanden hatten, hingen wie schwere Bäuche in die von Feuer und Wasser zerstörten Räume. Bei den Sanierungsarbeiten stiessen die Arbeiter in den drei Obergeschossen auf die herrlichsten Deckenmalereien. Die schadhaften Decken wurden restauriert und darüber neue Betondecken erstellt.

3. Obergeschoss. Bemalte Balkendecke mit knollenmarmorartiger Verzierung in Ocker und Blau. Spätes 16. Jahrhundert, vielleicht später.

Herbergsgasse 12, 14 ⓰

Architekten Buser + Minder AG, Basel

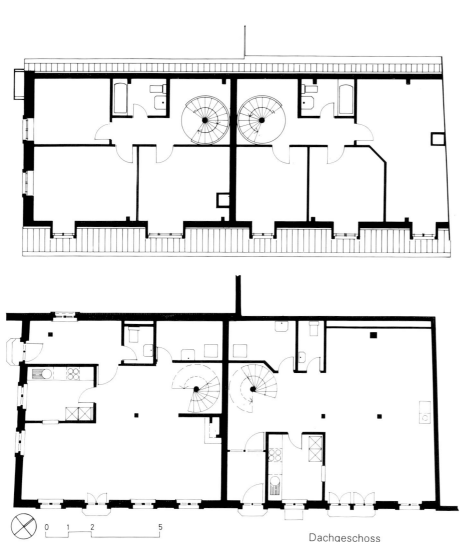

Dachgeschoss

Erdgeschoss

Das in einem prächtigen Garten gelegene, hinter einer Mauer vor fremdem Einblick versteckte Haus war ursprünglich ein Stallgebäude der von William Bernoulli 1903/04 erbauten, vom Jugendstil beeinflussten Andlauerklinik des Bürgerspitals, Petersgraben 11. Danach diente es bis zu ihrem Auszug der Dermatologischen Klinik als Laborgebäude. Mit der neuen Nutzung der Bauten am Petersgraben durch das Institut für Ur- und Frühgeschichte und die Archäologische Bodenforschung wurde der erdgeschossige Bau mit seinem dominanten Mansardendach für eine neue Nutzung, zwei Fünfeinhalbzimmer-Einfamilienhäuser, frei. Das Haus befand sich vor der Sanierung in einem sehr schlechten Zustand. Bis auf die Dachkonstruktion und die Holzdecke zwischen Erdgeschoss und Obergeschoss sind Konstruktion und Ausbau neu.

Sanieren aus der Sicht des Denkmalpflegers

Die Sanierung der Staatsliegenschaften in der Altstadt hat für die Entwicklung der Basler Denkmalpflege einen besonderen Stellenwert: Sie war sozusagen die Nagelprobe einer Praxis mit dem neuen und ersten Denkmalschutzgesetz von 1980 und der neuen Zonenordnung von 1977 und mit neuen Möglichkeiten der intensiven Betreuung von Wohnbauten im Altstadtbereich. An den Liegenschaften, die unter dem Titel «Sanierung von Altstadtliegenschaften» zu betreuen waren, war denkmalpflegerische Altstadtpraxis zu üben. Diese Chance liegt am Anfang der heutigen denkmalpflegerischen Praxis in Basel und – ganz unbescheiden gesagt – der Entstehung des heutigen Stadtbildes, weil diese Praxis auch für die privaten Restaurierungen vorbildlich wurde. Es ist jetzt und wird immer wieder zu betonen sein, wie sehr sich die Projekte seit 1974 von Neubaukonzepten über Auskernungen zum restaurativen Umgang mit Altstadt-Bausubstanz entwickelt haben, auch wenn ein konservierendes oder, wie man üblicherweise sagt, sanftes Umbauen die Ausnahme blieb. Die Geschichte der Sanierung und die Entwicklung der Planung im Gebiet Spalenberg–Imbergässlein ist kennzeichnend für den Wandel der Gesinnung.

Dass aber solches möglich wurde, hängt mit vielem zusammen, vor allem aber mit dem neuen Verständnis für die Altstadt und deren historische Bausubstanz und mit der Gesprächsbereitschaft der an der Verantwortung Beteiligten. Und dies ist als wichtige Grundlage der Denkmalpflege zu formulieren: ohne den guten Willen der Bauherren, Architekten und Handwerker bleibt das Restaurieren ohne Qualität; der Denkmalpfleger kann im besten Fall Qualität fördern, nicht aber schaffen.

Vielen der damals Beteiligten war die Erhaltungsaufgabe fremd. Sie sahen nur Fassadenbilder. Sie gingen mit vorgefassten Vorstellungen ans Werk, als gelte es, Neues zu schaffen. Es gab viele Diskussionen, die – so scheint es mir im Rückblick – bei den Beteiligten, den Denkmalpfleger eingeschlossen, Lernprozesse auslösten, nämlich die Hinführung einerseits zur Achtung der historischen Substanz, andererseits zur Erkenntnis der von baulichen und ökonomischen Bedingungen und von Komfortansprüchen gesetzten Grenzen der Erhaltung. Ein Fazit ist schon hier zu ziehen: Wer Altbauten betreut, muss sie gerne haben und zur intensiven Auseinandersetzung mit dem immer als Individuum auftretenden Objekt bereit sein.

Wir wollen im folgenden zwei Themen aufgreifen: die denkmalpflegerische Zielsetzung und Methodik und Überlegungen zum Sanieren von Altstadtbauten.

Zielsetzung

Umbau und Sanierung von Altstadtliegenschaften hiess der politische Auftrag des Ratschlags 7140 an den Grossen Rat von 1975 und des Berichtes der Grossratskommission 7221 von 1976; Konservierung und Restaurierung (Erhalten und Wiederherstellen) waren die Hauptbegriffe der denkmalpflegerischen Haltung. Die erste Formulierung weist auf aktives Eingreifen, die zweite auf Erhalten. Die Aufgabe kreist aber um dasselbe Thema der Nutzung alter Häuser in unserer Zeit und für unsere heutigen Gewohnheiten. Bauten in der Altstadt sind gewachsen, umgebaut, vergrössert und verändert worden; den Staatsliegenschaften, von denen viele zum Zwecke des Abbruchs gekauft worden waren, fehlte es zudem oft am Bauunterhalt. Schief, verwinkelt, mit einfachster Ausstattung, oft nur mit einem Abtritt für mehrere Wohnungen, aber auch voller Charme, mit überraschenden Proportionen, Täfern und Stuckdekor, so etwa präsentierten sich die meisten Häuser. Es galt also, sie neu einzurichten und mit Küche, Bad und WC zu versehen.

Was aber war zu erhalten? Das äussere Gesicht, gewiss, darüber wurde kaum mehr gestritten. Dass im Innern rankenverzierte Balkendecken, gemalte Riegelwände, Dekorationen und gar Wandbilder verborgen sein könnten, dies wurde der Denkmalpflege geglaubt. Schwieriger war es, den Architekten und Unternehmern begreiflich zu machen, dass ein altes Haus ein historisches Ganzes aus Mauerwerk, Balken, Böden und Decken sei, das in seiner ganzen Konstruktion und Bauweise wertvoll ist, und dass dies auch für die Hausanlage gelte: Grundrisse, Raumfolge, Raumhöhe, Lage des Treppenhauses sind ihre charakteristischen Elemente. Die Denkmalpflege musste die historischen Werte in jedem Einzelfall nachweisen.

Das denkmalpflegerische Ziel könnte man etwa so umreissen: Alle Erneuerungs- und Sanierungsarbeiten im architektonischen wie im bautechnischen Bereich sind auf Grund der Kenntnisse der vorhandenen Bausubstanz und ihrer historischen und künstlerischen Bedeutung zu projektieren und durchzuführen, so dass nach Abschluss des Unternehmens das Haus nach heutigen Gewohnheiten bewohnt, seine historische Substanz im Innern wie im Äussern bewahrt und auch erlebt werden kann. In dieser Aussage steckt eine Menge von Forderungen: Wer sich in einem Altstadthaus einrichten will, muss sich nach ihm richten. Mit Normvorstellungen wird man das Alte verderben. Es ist mit handwerklichen Methoden und Mitteln zu arbeiten, soweit wir sie noch beherrschen und auch aus ökonomischen Gründen anwenden können. Man wird Krummes und Altes stehenlassen, soviel wie man davon halten kann, denn sie vermitteln den Alterswert. In dieses Gefäss ist mit Mass und Geschick das hineinzufügen, was zur Sanierung gehört, die Erneuerung von Böden und Küchen, die thermischen und akustischen Verbesserungen.

Es bedarf aber für die Lösung solcher Probleme der Zusammenarbeit aller Beteiligten, Gespräche von allem Anfang an unter Bauherr, Architekt, Ingenieur, Denkmalpfleger und in regelmässiger Abfolge den Zuzug von Baugeschichtlern, Restauratoren und von Handwerkern. Dieses ersetzt allerdings keineswegs eine intensive Bauleitung, die eine ganz wichtige Arbeit ist und die nicht genau genug sein kann. Von ihr hängt die Realisierung im Technischen wie im Ästhetischen ab. Mit dieser Arbeitsmethode ist es aber auch möglich, dass sich die Handwerker ungewohnte Arbeitsweisen wieder aneignen und Freude an den herkömmlichen Techniken haben.

Herkömmliche Techniken in unserer modernen Welt? – Gewiss: Eine lange denkmalpflegerische Praxis zeigt, dass moderne Bau- und Anstrichmittel keineswegs den alten Baumaterialien und -techniken in allen Teilen überlegen sind und dass dort, wo sie eingesetzt werden, eine strenge Triage unter den vielen Produkten vorgenommen werden muss. Dies gilt für den Zimmermann, den Steinhauer, den Maurer, den Schreiner und für den Maler. Es ist keine Altertümelei. Die alten Baumaterialien sind Bestandteil der alten Bauwerke und ihres historischen Wertes. Die neuen Materialien verändern nicht nur diese Eigenschaften, sie haben ein anderes Alter als die alten Werkstoffe, sind anders zu applizieren und beeinträchtigen so auch das Erscheinungsbild im Alterungsprozess. Es geht aber bei diesen Vorbehalten gegenüber neuen Werkstoffen auch um die Förderung des Umgangs mit herkömmlichen Materialien, damit wir und unsere Nachfolger später überhaupt noch fähig sind, Bauten zu restaurieren und damit echte Denkmäler zu besitzen.

Methodik

Wie also wäre beim Umbau und Sanieren vorzugehen? Als erstes wäre die Hausgeschichte zusammenzustellen: die Nachrichten aus dem historischen Grundbuch, Pläne, Assekuranzen usw. und für die späteren Zeiten die Bauakten im Staatsarchiv. Der Hausdurchgang mit dem historisch geschulten Blick wird schon manches klären über Wert und Unwert des Vorhandenen. Weil jeder Umbau viel verändert und unser Gedächtnis kurz ist, sind gute Fotos vor dem Baubeginn nützlich, nicht nur als Erinnerungsbilder für später, sondern weil auch immer wieder mitten im Umbau nach dem Vorzustand gefragt wird, vor allem beim Wiedereinbau demontierter Bauteile wie Täfer, Türen usf. Genaue Massaufnahmen bilden die Grundlage zum Projekt. Sobald es mit Rücksicht auf die bisherigen Benützer und Mieter möglich ist, sollte mit den Bauuntersuchungen begonnen werden – nicht mit wildem Löchermachen in Böden und Wänden, sondern mit Bedacht darauf, was man an

Wänden, Verputz, Türen, Böden usw. erhalten will. Zunächst sind zwei Fragen zu stellen: Sind unter den sichtbaren Täfern und Putzen ältere Putzschichten, Wandmalereien, Dekorationsmalereien, Fachwerke, bemalte Decken usw. vorhanden, die man bei den baulichen Eingriffen nicht zerstören darf, und: Wie sieht das statische Gefüge aus? Damit wird unliebsamen Überraschungen während des Bauens vorgebeugt, soweit dies in so alten Baubeständen möglich ist. Mit all dem wird man das Haus in seinen Eigenarten besser verstehen, und damit wären auch die Voraussetzungen für die Projektierungen erst geschaffen. Es hat sich in der Tat erwiesen, dass generelle Projekte so daneben lagen, dass entweder grosse Eingriffe bei der Durchführung die Folge waren oder dass das Konzept geändert werden musste.

Was soll man zum Projekt selbst anderes sagen als immer wieder dieses: Je mehr man auf den Bau eingeht, je weniger man verändern will, um so besser ist es für die Kosten. Dem Ingenieur wird Zurückhaltung und viel mehr Einfühlung als Berechnung empfohlen, denn er kann bei seiner Normengläubigkeit ganze Bauten verderben, indem er sie in Korsetts zwängt und sie verbetoniert. Viel zu wenig werden die Installationen von Heizungen, Sanitär und Elektrisch vom Architekten betreut. Hier wird man auf vernünftige Leitungsführung achten, die Folgen der Eingriffe bedenken und nicht alles im Mauerwerk, in den Böden und Decken verschwinden lassen, denn Bodenaufdoppelungen und herabgehängte Decken zerstören die Raumproportionen.

Bautechnik

Zur Bautechnik beschränken wir uns auf wenige Themen. Zum Beispiel: Beton ist in der Praxis des Ingenieurs ein bequemes Material. Er zementiert aber im wahren Sinn des Wortes unsere Eingriffe: Will man später wieder umbauen, so ist man in der Handlungsfreiheit sehr eingeschränkt. Betondecken verdrängen die Balkenlage, die man doch erhalten soll. Es ist besser, Böden und Decken mit den Mitteln des Zimmermanns zu sanieren und, wo es nötig ist, statische Probleme mit trocken verlegbaren und wieder ausbaubaren Elementen wie Stahl, Hourdis etc. zu lösen.

Dachstühle gehören zur historischen Substanz. Sie sind als Estrich am besten geschützt: Das Holzwerk kann jederzeit kontrolliert werden. Dachausbauten sind keineswegs zum Guten für die alte Substanz, selbst wenn man die heutigen bauphysikalischen Erkenntnisse der Isolation anwendet und das Holz, das in der Isolationsmasse in den Bereich der Taupunkte rückt, belüftet. Ferner muss man auch die neuen Lasten bedenken, die durch die Isolation und durch die Nutzung der neuen Räume entstehen und für die das alte Balkengefüge in der Regel nicht ausgelegt ist. Die notwendigen Verstärkungen führen sehr oft zur Zerstörung des Balkenwerks, das ohnehin wegen seines Alters an vielen Stellen geschwächt sein mag. Dazu kommen die Dachfenster, welche die Dachhaut durchbrechen und die Dachlandschaft keineswegs verschönern. Bei den sanierten Staatsliegenschaften wurden keine Lifte eingebaut.

Bauweise und Materialien sind Bestandteil des Altbaus: So ist er gebaut worden, so spricht er uns an, und an ihnen erkennen wir das Denkmal; Grund genug dafür, dass wir dieselben Materialien bei den Reparaturen und bei Restaurierungen anwenden wollen. Neue Materialien sind nur ein Ersatz überall dort, wo wir die alten Techniken nicht mehr anwenden können oder wollen, sei es aus technischen, sei es aus ökonomischen Gründen oder einfach, weil wir es nicht mehr können. Es gibt moderne Mittel, alte Substanz zu bewahren. Als Beispiel nenne ich die Holzkonservierung und die Steinfestigung. In den meisten Fällen sind aber die modernen Materialien aus Bequemlichkeitsgründen entstanden: man kann sie leichter verarbeiten, kann sie länger aufbewahren, man muss im Gehetze des Baubetriebes weniger Rücksicht auf Wetter, Trockenzeiten und andere Bedingungen nehmen, und sie ersparen einem das mühsame Anmachen auf dem Platz, weil sie in anwendungsfertigen Gebinden geliefert werden.

Unter den vielen Mitteln sind diejenigen auszusuchen, die am ehesten geeignet sind, den Forderungen des Altbaues zu entsprechen, und zu denen der Handwerker Vertrauen hat. Ebenso notwendig aber ist die sorgfältige Anwendung der gewählten Technik und der Mittel, z. B. beim Farbanstrich auf ursprünglich gekalkter Wand. Damit man hier etwas assoziieren kann, nenne ich z. B. den Farbanstrich. Dort, wo ursprünglich die Mauer gekalkt war, kommen zunächst in dieser Reihenfolge in Frage: Kalkfresco, Kalksecco, Purkristallat (eine Zweikomponenten-Silicatfarbe), Mineralfarbe (Organsilicat) oder, wenn der Malgrund sich dafür nicht eignet, die Dispersionen, allenfalls Kunstharzfarbe. Beim Verputz: mit geeigneten Sanden angemachter Kalkmörtel, und nur ganz ausnahmsweise Mischungen aus dem Sack, wobei die Ausnahme zu begründen ist.

Es sind sowohl technische als auch ästhetische Überlegungen, welche solche Forderungen begründen. Zusätzlich kommt aber ein erzieherisches Anliegen: Wenn die Applikation solcher Mittel nicht geübt wird, gibt es bald keine Handwerker mehr, die sie beherrschen. Wie soll man dann noch restaurieren?

Was hier nur allzu kurz angedeutet worden ist, dient alles der Erhaltung der historischen Qualitäten bei Umbauten, Erneuerungen und Sanierungen von Altbauten für unsere Gegenwart. Darüber hinaus müssen wir daran denken, dass sich die Ansprüche, die an das Wohnen gestellt werden, so ändern werden, wie sich unsere Bedürfnisse gegenüber denjenigen unserer Väter gewandelt haben. Unsere Nachfahren werden wieder umbauen und sanieren, und vielleicht lieben auch sie die historischen Qualitäten der Altbauten. Wir wollen ihnen daher das Restaurieren ermöglichen. Und das tun wir, wenn wir ihnen die Bauten in ihrer Bauweise und ihren Eigenarten, d. h. auch in ihren Materialien überliefern.

Nun noch ein Wort zum Äusseren der sanierten Bauten. In der Regel wurden Fenstergewände, Türen und Dachvorsprünge belassen und die Dächer mit alten Ziegeln oder Mischungen alt/neu belegt. Verändert wurde aber die Dachlandschaft, weil Dachwohnungen aus politischen Gründen, von uns geduldet, von der Bauherrschaft gefördert werden mussten. Damit entstanden oft unruhige Dachlandschaften, bei denen wir wenigstens die Grösse der neuen Ausbauten in einem angemessenen Rahmen zu halten versuchten. Da und dort wurde ein Riegelwerk sichtbar gemacht, wenn es zur historischen Fassade gehörte – im ganzen aber blieb das gewohnte Bild. Nur die Farbigkeit wurde etwas bunter gegenüber den Grautönen, welche die Strassen dominierten. Die Restauratoren untersuchten jedes Haus nach Farbresten und Verputzen. Gewählt wurde jene Schicht, die der bestehenden Architektur entsprach und im Strassenbild sich einfügte, beileibe nicht immer die älteste. Die Farbe ist eben auch ein historisches Element, und sie prägt das Strassenbild in hervorragender Weise.

Die Funktion des Denkmalpflegers

Wir haben im Laufe dieser Überlegungen verschiedene Aspekte der Zusammenarbeit am Bauplatz berührt. Welche Funktion hat nun der Denkmalpfleger? Er muss den Bau qualifizieren, d. h. die historischen Werte erkennen und interpretieren und an den Architekten und den Bauherrn vermitteln, indem er auf die Befunde von Restauratoren und Bauforschern abstellt. Er muss die geplanten Veränderungen nach ihrem Grad der Eingriffe in den historischen Bestand beurteilen. Er berät in technischen Dingen, indem er mit den Handwerkern, dem Ingenieur, Architekten und Unternehmer über Vor- und Nachteile von alten und neuen Techniken diskutiert und dazu beiträgt, dass diese mit dem historischen Bestand verträglich sind. Er versucht, möglichst viel von diesem historischen Bestand über die Runden zu bringen. Er redet in ästhetischen Fragen mit, weil alle Veränderungen und Erneuerungen den historischen Aussagegehalt des Bauwerks verändern.

Dr. Alfred Wyss
Kantonaler Denkmalpfleger

Zur Praxis der Sanierung

Altstadthäuser sanieren ist irgendwie ein Abenteuer. Die Ausgangssituation ähnelt einer Gleichung mit vielen Unbekannten, statischen, künstlerischen und nicht zuletzt finanziellen. Der Architekt, der Ingenieur und der Handwerker müssen geduldig akzeptieren, dass ihr Patient, der Altbau, seine Identität und Individualität nur langsam enthüllt und jederzeit für positive oder negative Überraschungen gut ist. Flexibilität ist darum ein erstes Gebot für alle am Bauprozess Beteiligten, ein zweites Liebe zum Objekt wie zu einem in Ehren ergrauten alten Menschen.

Art der Sanierung

Sanft oder «unsanft» sanieren? Die hier aufgeführten Liegenschaften mussten fast alle umfassend und tiefgreifend saniert werden. Es waren wesentliche statische Teile (Decken-, Dachkonstruktionen) und wichtige Bauteile (Treppen, Kamine, Böden) zu ersetzen. Dazu mussten die Häuser mit Zentralheizungen und neuen sanitarischen und elektrischen Installationen ausgerüstet werden. Eine Sanierung, bei der möglichst viel vorhandene Substanz erhalten, gepflegt und nach Möglichkeit mit herkömmlichen Konstruktionen und Materialien instandgesetzt wird, ist nicht nur aus der kulturellen Verpflichtung die richtige Lösung, sondern auf lange Sicht auch wirtschaftlich sinnvoll, selbst wenn sie kurzfristig gesehen die teuerste ist.
Am billigsten ist der totale Abbruch und Neubau. Dies ist jedoch eine Notlösung und bedeutet immer einen schmerzlichen Verlust. Zwei Objekte mussten durch Neubauten ersetzt werden: Schafgässlein 10/Utengasse 18 und Rheingasse 65. Ihre alte Bausubstanz war praktisch zerstört.

Statische Sanierung

Der Bauingenieur hat es bei Altstadtbauten oft mit komplizierten Tragsystemen zu tun, die mit möglichst einfachen Konstruktionen und materialgerechten Mitteln wirtschaftlich saniert werden müssen. Welcher Art die Sanierung und damit der Eingriff in den Bau sein wird, hängt primär von ihm und seiner Fähigkeit ab, statisch prekäre Zustände sicher – und nicht zu ängstlich – zu beurteilen. Als Hauptproblem erwiesen sich zu schwach dimensionierte Holzbalkendecken mit starken Durchbiegungen. Die Neunutzungen, z. B. der Ausbau der Dachstühle, bewirkten mancherorts eine Neuverteilung der Lasten. Auch war viel Holzwerk zerstört. Da man vom Prinzip der Holzkonstruktion möglichst nicht abweichen wollte, erhielten die Zimmermannssanierungen grosses Gewicht.
Je nach Situation wählte der Ingenieur eine der folgenden Arten des Vorgehens:
- Verstärken der bestehenden Konstruktion. Die eingefügten Verstärkungen sollten die zu erhaltende Konstruktion nicht verfälschen.
- Teilweise Entlasten der Konstruktion durch armierte Überkonstruktionen oder Lastenausgleichskonstruktionen;
- neue Konstruktion neben der alten;
- Auswechseln der bestehenden Konstruktion, was gute Kenntnisse der alten Zimmermannstechniken voraussetzt.

Glücklicherweise erweisen sich Bruchsteinmauern in den meisten Fällen als weiterhin tragfähig, wenn sie wieder ausgefugt werden.

Installationen und Isolationen

In praktisch allen Sanierungsobjekten musste das Installationssystem vollständig erneuert werden. Wegen der Kosten und um die Substanz zu erhalten wurden die Leitungen über Putz geführt; so mussten auch sie nach ästhetischen Gesichtspunkten geplant werden. Elektrische Leitungen kamen immer unter Putz.
Zielkonflikte zwischen dem Wunsch, Bodenbeläge, Decken, Wandtäfer und Malereien nicht zu verletzen und der Forderung nach thermischer Isolation, Schall- und Brandschutzmassnahmen, waren nicht zu vermeiden. Darum auch konnten Aussenwände selten optimal isoliert werden. Es sei aber beige-

fügt, dass sich die Altstadtbauten mit dicken Mauern und kleinen Fenstern im Energieverbrauch bescheiden verhalten. Das Einbringen einer zusätzlichen Trittschallisolation in die bestehenden Holzbalkendecken war in den wenigsten Fällen möglich.
Im Altstadthaus ist uns der Nachbar – zum mindesten akustisch – eben näher.

Aussenrenovation

Aus den vielen Fragen, die sich bei Aussensanierungen stellen und die zum Teil aus der Sicht des Denkmalpflegers bereits oben aufgeworfen worden sind, sei hier nur jene der Fenster erwähnt. So sehr auch Vorfenster zum heimeligen Bild einer winterlichen Altstadt gehören: die neuen Fenster wurden aus praktischen Gründen in Doppelverglasung ausgeführt, wenn eine den Altstadthäusern angemessene Sprossierung mit vernünftigem Aufwand realisiert werden konnte. Doch wurden einfach verglaste Fenster dort belassen, wo sich Fenster und Vorfenster in gutem Zustand befanden und den Mietern für die Lagerung ein Raum auf dem Geschoss zur Verfügung gestellt werden konnte. Vereinzelt wurden schöne alte Eichenfenster aufgefrischt, um einen Teil der in Basel ursprünglichen Fenster zu erhalten. Wenn möglich hat man alte Fensterläden wieder verwendet. Die neuen hat man aus massivem Holz und nicht aus Verbundplatten hergestellt, wiewohl dies bedeutend teurer war.

Josef Schüpfer
Architekt Hochbauamt

Andreasplatz 3 «Wachtmeisterin Hofstatt» ⑰

Architekten Rickenbacher + Burckhardt, Basel

Andreasplatz 4 «Gebhardin Hus»

Andreasplatz 5 «Zur gelben Schraube»

Die 3 vier- bis sechsgeschossigen Häuser schauen einerseits auf den Andreasplatz, in dessen Mitte bis 1792 die Andreaskapelle stand, anderseits auf das Imbergässlein, an dem noch die ehemaligen, gotischen Hauseingänge erhalten sind. Hier standen schon im 11. Jahrhundert die ersten profanen Steinbauten der Stadt.

Die Sanierung der drei Bauten war vor allem in konstruktiver und damit auch in finanzieller Hinsicht sehr aufwendig. In Haus Nr. 3 blieb im Erdgeschoss die öffentliche Bedürfnisanstalt, der erste Stock wurde zum Vereinslokal, während die oberen Stockwerke samt dem Dachstock zu einer Maisonnette-Wohnung wurden. Im 2. Obergeschoss wurde das Wandbild eines Knaben und eines Mädchens freigelegt und restauriert.
Das baugeschichtlich interessanteste Haus und mit Stockwerkshöhen von weniger als 2 Meter wohl Vertreter eines der ältesten Fassaden- und Haustypen Basels ist Haus Nr. 4. Wiewohl es von den Mietern wohnlich gepflegt war, zwangen der sehr schlechte bauliche Zustand – das baustatische Gefüge war besonders stark an der Brandmauer zu Nr. 5 gestört – und die heute kaum mehr zumutbaren Geschosshöhen zu tiefen Eingriffen in die Gebäudestruktur. Ausnahmsweise musste dem Abbruch und dem Neubau dieser Brandmauer zugestimmt werden. Je zwei Geschosse wurden zu einem Geschoss mit Galerie zusammengefasst und die Häuser 4 und 5 mit einem Treppenhaus in Nr. 5 zusammengelegt. So konnte der Bau vor dem geplanten Abbruch gerettet werden. Im Erdgeschoss steht nun die zentrale Umformerstation der Fernheizung. Darüber liegen zwei Maisonnette-Wohnungen.

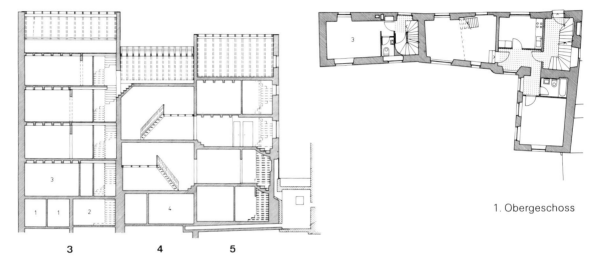

Andreasplatz 3
1. Obergeschoss Clubraum
2.–4. Obergeschoss und Dachgeschoss Dreieinhalbzimmer-Maisonnette
Andreasplatz 4 + 5
1. Obergeschoss Zweieinhalbzimmerwohnung
2.–4. Obergeschoss Sechszimmer-Maisonnette

1. Obergeschoss

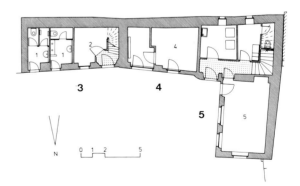

Erdgeschoss

1 öffentliche WC-Anlage
2 Keller
3 Clubraum
4 Heizung
5 Laden

83

Haus Nr. 3
Wandnische nach Freilegung der Malerei

Wandnische nach Restaurierung der Malerei

Knabe Konrad mit Steckenpferd:
«margredle dů dapffer spinen ich wil dir balt zoben bringen»

Mädchen Margredle mit Spinnrocken:
«ich wil lieber cůradtle dir spinen ein hemmenle»

Pfeffergässlein 12 «Zum Orient»

Architekt Werner C. Kleiner, Basel

Hinteres Pfeffergässlein. Vorn rechts im Bild ist der Querflügel von Nr. 10 angeschnitten. Der zweigeschossige, die Hofmauer bildende Anbau mit Pultdach musste bei der Sanierung fallen, um für den Hof und die unteren Geschosse von Nr. 10 bessere Lichtverhältnisse zu schaffen. Eine von Nachbarn eingereichte Petition, das benachbarte Haus Nr. 12 abzustocken, fand bei den Behörden kein Gehör. Bei enormen Kosten hätte es nur eine vergleichsweise geringe Verbesserung der Besonnung der Nachbarschaft gebracht. Ein Zeuge für die Raumnot und die Übernutzung der alten Stadt, eine wichtige Aussage zur Geschichte des letzten Jahrhunderts wäre verschwunden.

In der heutigen Erscheinung dominiert das 19. Jahrhundert, als das Haus um zwei Geschosse aufgestockt wurde. Das Erdgeschoss und die zwei folgenden Geschosse aber weisen noch auf die Zeit der Gotik hin. Im Innern sind eine Täferdecke im Erdgeschoss und eine Deckenmalerei aus dem 16. oder 17. Jahrhundert im 1. Obergeschoss, deren Restaurierung besonders schön gelungen ist, bemerkenswert. Vor allem aber ist auf den sehr sorgfältigen Wiederaufbau der alten Holzkonstruktion und des Dachstuhls hinzuweisen. Die Sanierung ersetzte die mehrheitlich kleinen Wohnungen durch eine Vier- und drei Zweizimmerwohnungen. Im Keller befindet sich ein Raum für die Marktwagen.

Pfeffergässlein 10

Architekt Emil Ditzler, Basel

Vor der Sanierung. Die an dieser Stelle ungewöhnliche Hofanlage ist im 18. Jahrhundert zur heutigen Gestalt zusammengewachsen, als die beiden Baukörper um ein Geschoss aufgestockt wurden.

Während der Sanierung. Der zweigeschossige Anbau ist abgetragen. Der Riegel im Erdgeschoss und im 1. Obergeschoss war ursprünglich nicht sichtbar.

Nach der Sanierung. Nur Aussenmauern, Fachwerk und wenige Balken im Innern sind erhalten geblieben. Die Aussentreppe ist kassiert, der Hauseingang verlegt. Das Erdgeschoss dient als Keller, Waschküche, Veloraum (auch für die Nachbarhäuser) und Remise für die Marktwagen. In den Obergeschossen eine Fünfeinhalb- und eine Dreieinhalbzimmerwohnung. Eine Sanierung, die einer Auskernung nahekommt.

Pfeffergässlein 3 «Zer Haselstaude»

Architekten von Ehrenberg & Cie., Basel

Das in seiner Eckfunktion so wichtige und wegen seiner laubenartigen Freitreppe für die Basler Altstadt so untypische, unzählige Male gezeichnete und fotografierte Eckhaus «Zer Haselstaude» ist 1980 im Baurecht an den heutigen Hausherrn übergegangen.
Nach Abschluss der baugeschichtlichen Untersuchung und der Sanierungsplanung und kurz nach dem Beginn der Bauarbeiten im Kellergeschoss ist das ganze baufällige Innere des Hauses in sich zusammengebrochen. Beim Wiederaufbau, vom Keller abgesehen ein Neubau, wurde an der historischen Raumeinteilung nur wenig geändert. Zum Glück standen für die handwerklich fachgerechte Rekonstruktion des Riegelbauteiles die Detailaufnahmen der Denkmalpflege zur Verfügung. Neu sind eine Terrasse auf der Rückseite und der Ausbau des Dachstocks.

1920

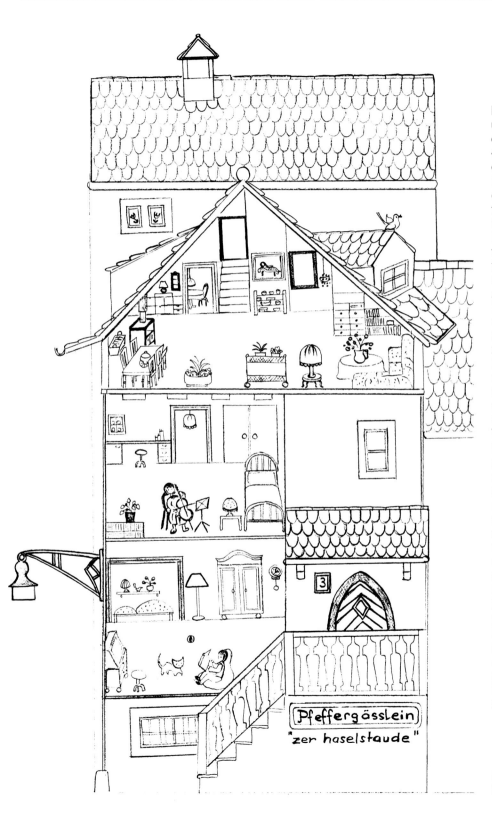

Herr Peter Zeller, der vorher mit Frau Vreni und den zwei Töchtern Marion und Karin in einem Vorort von Basel wohnte, schreibt dazu: «Im obersten, turmartigen Stock gibt sich uns der Blick in alle vier Himmelsrichtungen frei. Hier spürt man das urbane Gefühl. Im Zentrum der Stadt zu wohnen bedeutet auch, die praktischen Dinge des täglichen Lebens um sich herum zu haben. Und das geniessen wir in vollen Zügen. Immerhin wird vom Innerstadtbewohner ein grosses Mass an Toleranz erwartet. Die engen Gassen sind ringhörig. Die Fenster und Wände sind infolge der baulichen Auflagen nicht besonders isolationsgeschützt. Das Imbergässlein ist ein vielbegangener Altstadtteil. Die Wohnmöglichkeiten in der nächsten Umgebung reichen von der Ein- zur Vierzimmerwohnung und zum Einfamilienhaus. Das bewirkt zum Glück eine sozial, alters- und mentalitätsmässig sehr gemischte Anwohnerschaft. Doch ein häufiger Mieterwechsel vor allem in den kleinen Wohnungen erschwert die Pflege der Nachbarschaftsbeziehungen. Wir wohnen nun seit bald sechs Jahren hier im Gässli, und schon gehören wir zu den ‹Alteingesessenen›, obschon wir uns noch lange nicht als solche fühlen. Wir sehen darin allerdings auch die Chance und Aufgabe zugleich, die Kontakte nach Möglichkeit zu pflegen. Mit einem Neujahrsapéro in unserem Haus, zu welchem wir alle Anwohner einladen, versuchen wir einen kleinen Beitrag zu leisten.»
«Man gewinnt stellenweise den Eindruck eines Musterhauses, in welchem die hohe Kunst des Bauhandwerks an ausgewählten Beispielen gezeigt wird. In der Tat waren die zu lösenden Probleme anspruchsvoll. Das Haus ist eine Eck-Parzelle in Trapezform, was sowohl die Bauleute mit den vorgegebenen Anschlüssen an die Nachbarhäuser, als auch den Zimmermann bei der Dachkonstruktion immer wieder vor neue Herausforderungen stellte.»

So erlebt Frau Zeller Haus und Familie.

Imbergässlein 27 «Zum oberen Eichbaum»

Architekten Winter, Trueb, Ellenrieder, Basel

Im Imbergässlein wohnten einst die Gewürzkrämer. Der Name Imber erinnert an das in den Tropen kultivierte und im Mittelalter viel verwendete Gewürz Ingwer. In Analogie dazu wurde der Seitenarm 1979 in Pfeffergässlein umgetauft.

Im vergangenen halben Jahrhundert stand das Gässlein für ein heruntergekommenes und vernachlässigtes Wohngebiet; mehreren Häusern war die Bewohnbarkeit ganz oder teilweise abgesprochen. Dem aufmerksamen Beobachter entgingen allerdings nicht die gotischen ein- und mehrteiligen und die barocken Fenster, die alten Kreuzstöcke und die kunstvoll profilierten Renaissancetüren, die auf die frühere Bedeutung des Wohnviertels hinwiesen. Im Innern der arg verwohnten Häuser hätten ihn Täferdecken, wertvolle Türen und Wandkästen überrascht. Vor 60 Jahren schrieb Hans Eppens: «Aber wohl wenige haben schon gemerkt, dass die Gotik hier geradezu Triumphe feiert, da noch fast sämtliche Häuser der Gasse in diesem Stil erhalten sind.»

Hier wurde auch immer wieder die Frage nach dem Sinn des Restaurierens und Sanierens gestellt. Das Gässlein als nostalgische Kulisse? Gewiss. Doch dort wohnen? Im Vorfeld der Abstimmung von 1949 fragt ein Leser: «Aber müssen es unbedingt Wohnstätten sein? Könnten sie nicht erhalten bleiben als Museen vielleicht, als Zeugen vergangener Zeiten, damit das geheimnisvolle Fluidum des Mittelalters erhalten bleibt?» Noch 1967 muss sich Rudolf Suter in den «Basler Nachrichten» solchem Denken entgegenstellen: «Es genügt nicht, ererbtes Baugut instand zu halten, aufzufrischen oder malerisch herauszuputzen, vielmehr muss in der Altstadt auch gelebt, gewohnt, Handel und Handwerk getrieben werden.»

Der Wandel der Sanierungskonzepte der 5 Häuser innert einem Jahrzehnt spiegelt beispielhaft den Wandel in der Haltung der Öffentlichkeit und der politischen Behörden zu den Problemen der Altstadterneuerung.

Vor der Sanierung

Imbergässlein 29
«Zum Narren» oder «Zum Stampf»

Imbergässlein 31
«Zum grossen Christoffel»
Pfeffergässlein 6, 8
«Zum Laubegg»

Pfeffergässlein 6, 8

«Eine Überraschung bescherte uns die Untersuchung der Fassaden von Staatsliegenschaften. Am Imbergässlein 31, am Haus zum grossen Christoffel, wurde wohl gegen 1500 in die mit Bollenfries und Rankenbüscheln dekorierte Fassade der durch den Fluss watende Christophorus gemalt, wie er im letzten Jahr als Supraporte im Hause Martinsgasse 18, dort inmitten einer Landschaftsszenerie, gefunden wurde. Christophorus war ein weitverbreiteter Patron gegen ‹gähen Tod›. In Basel lässt sich nebst der Brunnenfigur auf dem Kornmarkt, die 1529 durch einen Harnischmann ersetzt wurde, der Name sechsmal nachweisen. Uns freut es aber, dass nun auch eine figürliche Wandmalerei erhalten werden kann, wie sie für die Hauszeichen und die Hausdekoration des mittelalterlichen Basels bis in den Barock typisch war.»
(**Dr. Alfred Wyss** im Basler Stadtbuch 1980)

Zustand 1970. Die grosse Bautiefe von gegen 18 Meter der Häuser am Pfeffergässlein hat zur Abtrennung von gefangenen Räumen ohne direktes Licht geführt. Es werden noch einige Ein- und Zweizimmerwohnungen mit primitiven Installationen genutzt. Die Bauten am Imbergässlein aber, die mit Ausnahme von Nr. 31 nur Fenster nach Norden besitzen und auch nicht mehr bewohnt werden, haben eine Bautiefe unter 5 Metern.

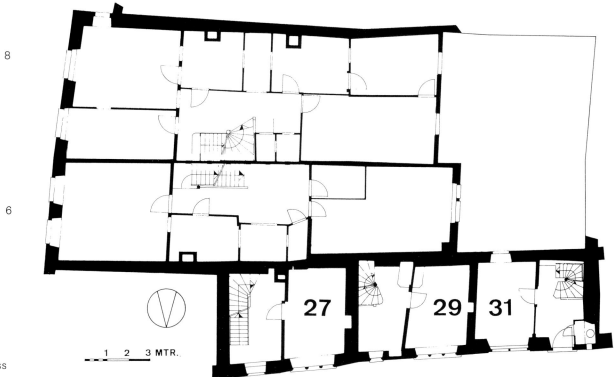

Vor der Sanierung, Grundriss 1. Obergeschoss

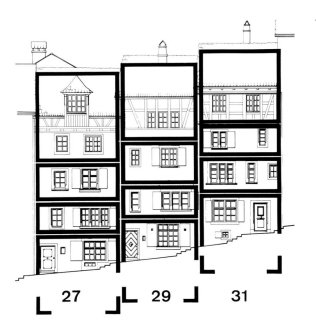

Sanierungskonzept 1974, die Grundlage des regierungsrätlichen Ratschlags 7140, ignoriert die historische Struktur und Substanz. Einzig die Vorderfassaden bleiben stehen. «Die sehr kleinen Grundflächen der Häuser 27, 29 und 31 verunmöglichen eine sinnvolle und wirtschaftliche Nutzung dieser Liegenschaften. Ausserdem sind die Belichtungs- und Belüftungsverhältnisse, verursacht durch die grossen Gebäudetiefen der Häuser 22 und 23 (heute Pfeffergässlein 6, 8), äusserst schlecht.» Die Häuser 6 und 8 und Imbergässlein 27, respektive die Häuser Imbergässlein 29 und 31 werden zu je einer Hauseinheit zusammengefasst. Die Bautiefe am Pfeffergässlein wird reduziert, jene am Imbergässlein verdoppelt. Eine neu errichtete Südfassade ist nun befenstert. Anstelle des Pultdaches steht ein Satteldach. Im Programm sind ein Drittel Kleinwohnungen.

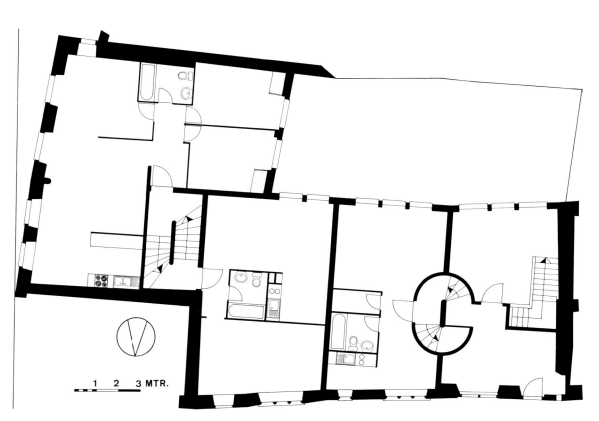

Konzept 1977. Die Grossratskommission verlangt grössere und familienfreundliche Wohnungen und schonlicheren Umgang mit der Bausubstanz. Das Brandmauersystem wird nun respektiert. Die Grundrisse von Nr. 6 und Nr. 8 lehnen sich an die überlieferten an, doch die Häuser 27–31 werden zu einem einzigen Mehrfamilienhaus mit der Treppe in Nr. 27 zusammengefasst. Differenztreppen durchbrechen die Brandmauer in den vier Etagen-Dreizimmerwohnungen. In die bestehende Südwand werden zusätzliche Fenster ausgebrochen.

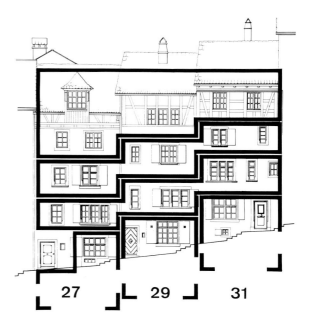

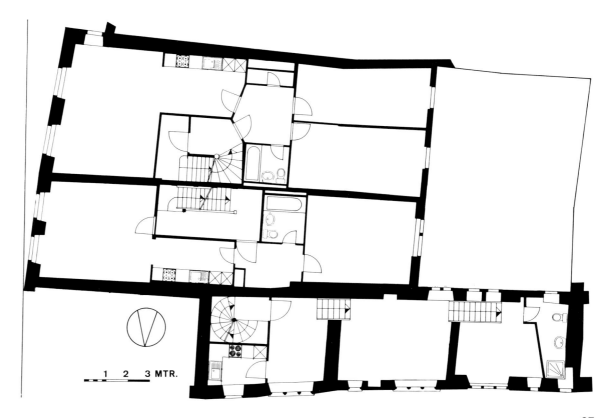

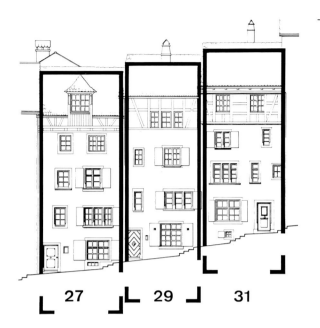

27 29 31

Das realisierte Konzept: Die historische Struktur und Substanz wird respektiert. Die Häuser am Imbergässlein werden zu drei wie im einstigen Handwerkerhaus vertikal organisierten Einfamilienhäusern. In den Häusern am Pfeffergässlein entstehen je eine Fünf-, Vier-, Drei- und Zweizimmerwohnung.

1 2 3 MTR.

Ausführung 1980–1982

Haus Nr. 29

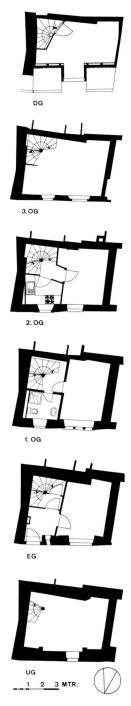

Imbergässlein 27. Grundrisse des ausgeführten Projekts

DG

3. OG

2. OG

1. OG

EG

UG

1 2 3 MTR.

Vom Umgang des Baslers mit seiner Altstadt

Die alte Stadt wird Altstadt

Nach Jahrhunderten relativen Stillstandes setzte im 19. Jahrhundert mit dem Ende der napoleonischen Kriege ein starkes Wachstum der Einwohnerzahl der Stadt ein. Ausgelöst und gefördert durch die Freizügigkeit, durch Industrialisierung und Eisenbahnverkehr stieg sie von 16 700 Einwohnern anno 1818 auf 109 600 zu Ende des Jahrhunderts. Von überall her kamen die Zuzüger, aus der übrigen Schweiz, viele aus der elsässischen, badischen und schwäbischen Nachbarschaft. Ein Drittel der Einwohner waren Ausländer. Der Geburtenüberschuss war gross; statistisch gesehen wurde die Bevölkerung immer jünger.

Solange die Mauern standen, hatte die innere Stadt den Zuwachs allein aufzunehmen. Nach 1859, nach dem Abbruch der Mauern, vermochten die ausserhalb der Gräben neu entstehenden Quartiere nur einen Teil davon zu beherbergen; andere Teile verkrochen sich in die alten Bürgerhäuser. Ledige und junge Familien wohnten als Untermieter, in Kostgängereien, manche auch bei ihren Arbeitgebern. Die alten Häuser, viele im Unterhalt vernachlässigt und nicht so gepflegt, wie es ihr Alter erfordert hätte, ursprünglich bestimmt für einen Handwerker, seinen Hausstand und sein Gewerbe, wurden zur Aufnahme einer Vielzahl von Bewohnern umgebaut und aufgestockt. Räume, die nie dazu bestimmt waren, wurden zu Schlafkammern ohne Licht und Sonne. Innert einem halben Jahrhundert waren Teile der alten Stadt zur unwohnlichen und ungesunden, 1855 von Cholera und 1865/66 von Typhus gebeutelten Altstadt geworden. Die ärgsten Formen der Wohnungsnot blieben Basel zwar erspart. Aber «man darf, ohne der Wahrheit nahe zu treten, behaupten, dass in räumlicher Hinsicht wirklich kulturgemäss nicht die Hälfte der Basler Bevölkerung wohnt» schrieb Prof. Karl Bücher als Ergebnis einer Wohnungsenquête, die er 1889 im Auftrag der Regierung durchgeführt hatte. Erfreut stellte er aber fest, dass in den inneren Stadtteilen eine Austreibung der ärmeren Bevölkerung verhütet worden sei und dass hier «Kleinbürgertum und Arbeitsbevölkerung» noch immer nebeneinander wohnten.

Nach solchen Erfahrungen und Erkenntnissen bestritt niemand die Notwendigkeit, die unhaltbaren Verhältnisse zu sanieren und die notwendigen baulichen Konsequenzen zu ziehen. Wer sanieren sagte, verstand darunter neue Häuser, offene Höfe und breitere Strassen. Die Stadtentwicklung war von einem optimistischen und selbstbewussten Zukunftsglauben getragen, der am besten in den Worten des grossen Basler Architekten Johann Jakob Stehlin d.J. (1826–1894) zum Ausdruck kommt: «Unter den grossen Epochen der Weltgeschichte wird die zweite Hälfte unseres Jahrhunderts, in welcher die Kraft und Licht spendenden Mächte des Dampfes und der Elektrizität zur Herrschaft gekommen sind, einen glänzenden Rang behaupten.» (Architectonische Mittheilungen aus Basel, Stuttgart 1893).

Ein zweites Hauptproblem der städtischen Entwicklung stellte der Verkehr dar, der dringend die Ausweitung und Begradigung der engen Gassen und die Trennung von Fussgängern und Fahrzeugen erheischte. Durch isolierte Massnahmen, wie z.B. die Anlage der Marktgasse über dem Birsigbett, war schon manches vorgekehrt worden. Bei einigen Massnahmen versuchte man, gewissermassen zwei Fliegen mit einer Klappe zu schlagen: Als Nebenfrucht der Strassenkorrektionen sollte die Sanierung der Wohnverhältnisse anfallen. Akzent und Prioritäten aber setzte der Verkehr.

Der 1900 dem Grossen Rat vorgelegte, wenig rücksichtsvolle Korrektionsplan für die linke Talseite, sah als Hauptelement eine 15 m breite, tramgeeignete Aufstiegsstrasse Hauptpost–Grünpfahlgasse–Rümelinsplatz–Rosshofgasse–Gewerbeschule vor, mit dem Ziel, die neuen Wohnviertel auf dem Westplateau mit dem Stadtzentrum zu verbinden, gleichfalls die Verbreiterung des Blumenrains und der Verbindung Rümelinplatz–Schneidergasse–Fischmarkt, die bei der Einmündung des Münzgässleins in die Hutgasse nur 2 m breit war. Die Rosshofgasse wäre bei der Kreuzung mit dem Nadelberg um 4 m abgesenkt worden, die Schneidergasse, beidseits verbreitert, auf neuen Baulinien neu erstanden. Das Pro-

Prof. Karl Bücher stellt 1891 fest:
«Durch die sparsamste Raumausnutzung, durch Anbringung von mancherlei Aus- und Umbauten, besonders aber von Hinter- und Flügelgebäuden, durch Hereinziehung früherer Wirtschaftsräumlichkeiten in den Wohnraum, durch Unterschlagung grösserer Zimmer, durch Anlage von Mansarden auf dem bis dahin offenen Estrich, durch vermehrte Einrichtung von Küchen auf Vorplätzen und Gängen ist es gelungen, eine grosse Zahl von kleinen Wohnungen zu schaffen, die in bezug auf Geschlossenheit der Lage, Zimmerhöhe, Beleuchtung, Ventilation, Küchen- und Abtrittverhältnisse zu wünschen übrig lassen.»

Das Modell entspricht mit Ausnahme der 1956 nach einem Grossbrand am Nadelberg erstellten Neubauten (Häusergruppe mit den 5 gleichförmigen Dachgaupen) etwa dem Zustand um 1900.

jekt dieser Aufstiegsstrasse kümmerte sich nicht um Struktur und Substanz der überlieferten Stadt, ebensowenig wie eine 1892 zur Diskussion gestellte Variante einer direkten Verbindung Gerbergasse–Holbeinplatz «mit Durchbruch sämtlicher im Wege stehender Häuserkomplexe». Anstoss zum Projekt hatte ein Baubegehren auf dem Rosshofareal gegeben.

Der Grosse Rat stimmte dem Korrektionsplan 1900 ohne Opposition zu.
Die Aufstiegsstrasse wurde bald wegen ihrer Steigung von 7% als untauglich, für die Strassenbahn nicht zweckdienlich und schliesslich als überflüssig erkannt und nicht realisiert. Ein Relikt davon ist die überbreite Schnabelgasse.

Grossstadtverkehr in alten Mauern?

Basel wuchs und wuchs und schickte sich an, eine Grossstadt zu werden. 1930 zählte die Stadt bereits gegen 150000 Einwohner, 6000 Motorfahrzeuge und 33000 Fahrräder. Ein Korrespondent der «Basler Nachrichten» folgerte 1931 daraus: «Die für Basels bauliche Zukunft wohl wichtigste Frage – die Umwandlung des Kerns der alten Kleinstadt in ein Geschäftszentrum der werdenden Grossstadt –» und gab auch gleich die Antwort darauf: «Die gestellte Frage ist eine reine Verkehrsfrage.» 1930 legte der Regierungsrat dem Parlament einen Korrektionsplan vor, dem ein Konzept der Innerstadtplanung zugrunde lag, das für drei Jahrzehnte Gültigkeit haben sollte. Zentrales Element war eine 14 bis 17 m breite Talentlastungsstrasse Gerbergässlein–Schneidergasse und ein auf 17 m verbreiterter Spalenberg. Alle Häuser auf dessen Westseite wären gefallen, keine hingegen auf der Ostseite, denn die um die Jahrhundertwende an der Ecke zur Schnabelgasse ersteIten Neubauten sollten erhalten bleiben. Der Plan wurde vom Grossen Rat zurückgewiesen. Das Besondere an dieser Rückweisung war, dass neben verkehrstechnischen Mängeln allgemein städtebauliche Argumente ins Feld geführt wurden. Sprach der Ratschlag der Regierung von «durchwegs minderwertigen Häusern», die angeschnitten würden, und verteidigte ihn der zuständige Departementsvorsteher mit den Worten «Die Erhaltung der sogenannten schönen Altstadt darf nicht überschätzt werden. Durch die Ausführung der Korrektion besteht die Gefahr nicht, dass Basel eine Normalstadt wird. Sanierungen und hygienische Verbesserungen sind für die Bewohner sicher wertvoller», so sprachen nun erstmals Votanten vom «Verlust des Charakters der Stadt», von «Verarmung des Stadtbildes», auch von der «Entwurzelung der Betroffenen». Andere bestritten schlichtweg die Existenz eines Grossverkehrs. Die Heimatschutzideen – die schweizerische Vereinigung war 1905 gegründet worden – hatten auf politischer Ebene im Parlament ihre Verteidiger gefunden. Doch die Bedeutung der Bauten und Gassen, die nicht als Denkmäler bewundert und klassiert waren, als Teil eines unverzichtbaren kulturellen Erbes wurde erst von wenigen erkannt. Sanierung der Altstadt durch Korrektion der Strassen blieb der Leitstern der folgenden Jahre. Das positive Ergebnis der engagierten Diskussion war der Auftrag an die Regierung, ein Stadtplanbüro zu schaffen.

In dem verkehrs- und korrektionsfreundlichen Klima dieser Jahre folgten sich nun eine Vielzahl von Projektideen, insgesamt 9 verschiedene Lösungen zwischen 1930 und 1934, zumal ausser Fachleuten und Fachinstanzen auch die Öffentlichkeit zu Vorschlägen eingeladen war. Die Idee einer Talentlastungsstrasse, euphemistisch auch als Talerschliessungs-, Sanierungs- oder Aufschliessungsstrasse bezeichnet, war fast allen gemeinsam. Ganze Altstadtzüge, im Stadtganzen als «schlecht genütztes und entsprechend niedrig bewertetes Hinterland» verstanden, zu opfern, schien – in Franken ausgedrückt – wesentlich billiger als eine kostspielige Verbreiterung der Hauptachse Barfüsserplatz–Marktplatz zu sein.

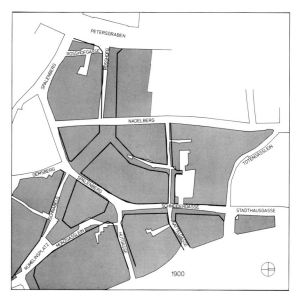

Korrektionsplan 1900
Strassenkorrektionen zwischen Gewerbeschule, Post und Marktplatz

«Im übrigen ist auch der grösste Städtebauer nicht weitsichtig genug, um seine Projekte so auszuarbeiten, dass sie für alle Zeiten richtig sind, und so werden an den vorliegenden Baulinien noch manche Änderungen vorgenommen werden.» (Alphons Burckhardt im Grossen Rat 1898)

▶ **Korrektionsplan 1934**
(«Schumacher-Plan»)
Regierungsrat Brenner: «Es ist ein Plan auf lange Sicht, der erst im Laufe von Jahrzehnten verwirklicht werden kann.»

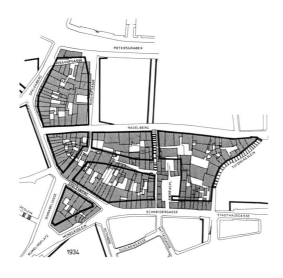

▶ **Der Korrektionsplan 1949**
erweitert den Andreasplatz zu einem neuen, zweigeteilten Marktplatz, denn «auf die Dauer lässt sich der heutige heimelige Zustand auf dem Marktplatz nicht halten». Der grosse Gemüse-, Obst- und Blumenmarkt ist niveaugleich mit der Schneidergasse; darunter befindet sich eine Einstellhalle. Der Fischmarkt mit dem hieher versetzten alten Fischmarktbrunnen liegt vor dem Spalenhof, der den Platz im Süden abschliesst.

▶ **Ratschlag 6919 vom 29.6.1972:**
«Im Interesse eines besseren Zutritts von Luft und Licht sind die Innenhöfe grundsätzlich wieder freizugeben.»
«Zur einwandfreien Wiederherstellung des Charakters der historischen Bebauung wird es nötig sein, einzelne Gebäude abzustocken.»

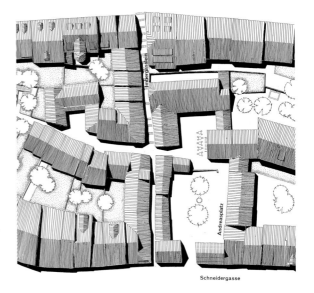

1933 legte der erste Chef des Stadtplanbüros einen «allgemeinen Korrektionsplan für das Grossbasel», den nach ihm benannten Schuhmacher-Plan vor. Er versuchte eine gesamtstädtische Lösung der Verkehrsprobleme aufzuzeigen. Ein Kernstück war die Talentlastungsstrasse, der eine Doppelfunktion zugedacht war:
1. Verkehrsentlastung
2. Wohntechnische Sanierung und Erschliessung

Der Plan, entworfen in einer wirtschaftlich schwierigen Zeit, hätte den Abbruch eines grossen Teils der Altstadt nach sich gezogen. Gewiss modifizierte der Grosse Rat aus Sorge um die Erhaltung eines Teils der schönen Altstadt den Plan in einzelnen, vom Verkehr nicht tangierten Partien. Die Grossratskommission, an die er überwiesen worden war, wusste um die Gefahren, die dem Stadtbild drohten, und dass dessen Qualität nun ganz in die Hände der hier neu bauenden Architekten gelegt war, und schrieb deshalb in ihrem Bericht: «Erst die Bauten und die sich daraus ergebenden Räume formen das künftige Stadtbild.» 1934 verabschiedete der Grosse Rat den Plan ohne Gegenstimme. «Keine Ideallösung, aber ein Maximum praktisch verwirklichbarer Gestaltung» schrieb in der «National-Zeitung» Edwin Strub, der unverdächtige, hochverdiente Freund und Kämpfer für die überlieferten Werte unserer Stadt und betonte: «Eigentliche Altstadtsanierung erfolgt durch den Durchbruch bei Andreasplatz und Imbergässlein, ebenso durch den Ausbau der Talentlastungsstrasse.» In dem von uns wiedergegebenen Gebiet Nadelberg–Schneidergasse wurde nichts davon realisiert, während nördlich des Totengässleins bis zum Blumenrain verheerende Eingriffe in das Altstadtgefüge vorgenommen wurden. In diesen abbruchfreudigen Jahren mussten der Württembergerhof (1932) dem Kunstmuseum und das alte Zeughaus (1936) dem Kollegiengebäude der Universität weichen, dessen Bau in der Volksabstimmung mit 18 473 Ja zu 9937 Nein beschlossen worden war. Auch das eidgenössische Departement des Innern hatte sich für die Erhaltung des Zeughauses eingesetzt.

Das Bekenntnis zur Altstadt: Arbeitsrappen und Altstadtzone

Es überrascht nicht, dass in diesen Jahren respektlosen Umgangs mit der alten Stadt – allein im Gebiet des Petersbergs fielen 1935 ein Dutzend gotische Häuser der Korrektion zum Opfer – in der Grossratskommission zur Beratung eines neuen Hochbaugesetzes die Idee einer Zone zum Schutze der Altstadt, einer Altstadtzone, entwickelt wurde. Im Ratschlag der Regierung zum Hochbautengesetz war davon noch nicht die Rede. 1939 wurde die Altstadtzone gesetzlich verankert und im neuen Zonenplan ihre Ausdehnung und Abgrenzung festgeschrieben. Noch ging es nicht um die Substanz, sondern einzig um den Charakter der Altstadt. Der Grundgedanke der neuen Zone war gegenüber dem Gedanken des Denkmalschutzes klar abgegrenzt; die Zeit war noch nicht reif für die integrale Erhaltung ganzer Stadtteile. Die Idee eines flächenhaften Denkmalschutzes wurde erstmals 1961 im Parlament zur Diskussion gestellt. Die Schaffung der Altstadtzone bedeutete die Anerkennung der besonderen Funktion einer schützenswerten Altstadt. Ihre Sanierung trat damit aus dem Schatten der Innerstadtkorrektionen heraus, mit denen sie bis anhin als blosses Nebenprodukt verknüpft war. Die Sorge um ihren Bestand und ihre Pflege war jetzt dem ganzen Gemeinwesen aufgetragen.
1936, auf dem Höhepunkt der Wirtschaftskrise, war mit dem Arbeitsrappen, dem mit dem Hauptziel Arbeitsbeschaffung von Arbeitnehmern und Arbeitgebern geschaffenen Gemeinschaftswerk, der finanzielle Grund zur Sanierung gelegt worden. Seine Funktion war, durch Beiträge an die Ausführung staatlicher Bauten wie Spitäler, Schulhäuser und die Gewährung von Subventionen an Bauvorhaben gemeinnütziger und öffentlicher Körperschaften, später auch an private Bauherren, zusätzliche Arbeit zu beschaffen. Auch Bauten im Zusammenhang mit der Innerstadtkorrektion waren darin eingeschlossen. Vor und während des Krieges 1939–1945 wurden manche Altstadtliegenschaften mit seiner Hilfe saniert oder renoviert.

Ausstellung «Altstadt heute und morgen» 1945
Der Innenraum zwischen Nadelberg und Spalenberg, Zustand 1945. Im Vordergrund das Dach des Spalenhofs.

Sanierung durch Auskernung: Projektierter Zustand nach Entfernung der Hofüberbauung. (Der Spalenhof ist aus Darstellungsgründen weggelassen.)

Die Ungewissheit über die Nachkriegsentwicklung der Bauwirtschaft veranlassten die Behörden bereits während der Kriegsjahre Erhebungen über die Bewohner und den Zustand der Altstadtwohnungen vorzunehmen, Architekten mit Planaufnahmen davon zu betrauen und die Planung für ihre Sanierung vorsorglich in die Wege zu leiten. Über die Gesichtspunkte, nach denen sich diese systematischen Untersuchungen und die Gesamtplanung richteten, sagt der Führer zur Ausstellung des Arbeitsbeschaffungs-Rates «Altstadt heute und morgen» im Kleinen Klingental vom Herbst 1945: «Die ursprünglich gesunde Gesamtanlage der Basler Altstadt, die durch die Überbeanspruchung im vergangenen Jahrhundert verunstaltet wurde, und die seither verwahrloste, muss wieder hergestellt werden. Es werden operative Eingriffe in die überwucherte Struktur erfolgen müssen. Einbauten sind zu entfernen. Innen- und Hinterhöfe sind ‹auszukernen›, d.h. Luft und Sonne raubende und heute übrigens vielfach unwirtschaftlich gewordene Aufstockungen müssen verschwinden. Schuppen und Magazine sind niederzureissen, und die Einrichtung der Wohnungen zu modernisieren.» Auskernen, Auslichten, Durchgrünen gaben auch in anderen Schweizer Städten die Richtschnur für die Wiederbelebung der Altstädte ab.

Die grosse Zeit der Altstadtsanierung mit Hilfe des Arbeitsrappens setzte mit dem Kriegsende ein. Die dadurch ausgelöste lohnintensive und kaum rationalisierbare Arbeit an kleinen, bescheidenen Altstadtbauten wie auch an jedermann vertrauten repräsentativen Bauwerken förderten das Verständnis breiter Kreise für die Erhaltung des historischen Stadtkerns. Rückblickend schrieben die «Basler Nachrichten» 1949: «Vom Wertvollsten, das wir dem Arbeitsrappen verdanken, ist wohl die Erschliessung der Erkenntnis in Fach- und Volkskreisen, dass jenes grosse zusammenhängende Stück Alt-Basel nicht zerstört werden darf, sondern Schritt um Schritt restauriert werden muss.» – Das aus der sozialen Not geborene Werk wurde zu einem Retter in der kulturellen Not der Zerstörung der Altstadt.

Der letzte Angriff auf die Altstadt: Der Korrektionsplan 1949

Vor dem Hintergrund der durch den Krieg zerbombten Stadtkerne der Nachbarländer und angesichts der Erfolge der durch den Arbeitsrappen initiierten Sanierungen wandte sich nach dem Weltkrieg das Interesse vieler und insbesondere der jüngeren Generation immer mehr der unversehrten Basler Altstadt zu. Es meldeten sich kritische Stimmen: Waren Altstadterhaltung und Auskernung, Altstadtzone und Korrektionslinien nicht Widersprüche? Der 1946 aufgelegte neue allgemeine Korrektionsplan für das Grossbasel respektierte solche Bedenken in gewissen Teilen. Er hob einzelne Korrektionslinien auf. Doch der Kniefall vor dem privaten Verkehr, die Erstellung der Talentlastungsstrasse, wenn auch etwas weniger breit als 1934, blieb, ja diese sollte sich gar in der Schneidergasse gegen Westen zu einem neuen Marktplatz, dem Andreasmarkt, ausweiten, da der alte Marktplatz und der Fischmarkt stärker als Verkehrsflächen in Anspruch genommen werden sollten. Durch einen öffentlichen 1948 ausgeschriebenen Ideenwettbewerb sollten die architektonischen Zusammenhänge zwischen der Strassenkorrektion und der Altstadtsanierung des Blockes zwischen Schneidergasse–Spalenberg–Nadelberg und Totengässlein klargestellt werden. Innerhalb des Gevierts Nadelberg–Schneidergasse wäre der Spalenhof mit Ausgang auf den neuen Marktplatz als einziges historisches Gebäude stehen geblieben. Nun bildete sich zum ersten Mal eine breite Front von Bürgern, die eine radikale Abwendung von den bisherigen Zielsetzungen der Planung und eine integrale Erhaltung der Altstadt forderten. Der Abstimmungskampf 1949 gegen die Zerstörung der Stadt durch das Auto war kurz, aber ungewohnt leidenschaftlich. Beide Abstimmungsparteien kämpften mit dem Argument der Erhaltung des Stadtbildes. Das Volk nahm den Korrektionsplan mit 55% Ja zu 39% Nein deutlich an. In der «National-Zeitung» stand zu lesen: «Freude dürften auch Heimatschutz- und Altstadtfreunde haben, weil in diesem Plan zum ersten Mal die

Der neue Andreas-Marktplatz
Öffentlicher Ideenwettbewerb für die Sanierung und städtebauliche Gestaltung des Blokkes zwischen Nadelberg und Schneidergasse und des Blokkes Spalenberg–Schnabelgasse–Münzgässlein. 1949. Erster Preis: Bräuning, Leu, Dürig, Architekten, Basel.

Im oberen Teil des Bildes der hierhin versetzte Fischmarktbrunnen vor dem den Platz abschliessenden Spalenhof.

schönen Altstadtpartien von Korrektionslinien befreit und damit wenigstens geschützt sind.» Die Front der Gegner und Befürworter des Plans war nämlich quer durch die Reihen der Heimatschutzfreunde verlaufen.

Die Neubesinnung in später Stunde

Die sprunghafte Zunahme des Verkehrs, der Bauboom und die damit schwindende Individualität der Innerstadt bewirkten bei Volk und Behörden innert einem starken Jahrzehnt ein totales Umdenken im Sinne der 1949 im Abstimmungskampf Unterlegenen. Der 1958 im Auftrag der Regierung erstellte Gesamtverkehrsplan nach den Ideen von Prof. Leibbrand, der mit der Altstadt behutsam umzugehen meinte, indem er sich weitgehend an den gültigen Korrektionsplan 1949 hielt, hinkte hinter dem Denken der Zeit nach, war ein letztes Echo einer längst überholten Haltung zum historischen Kern einer Stadt. Die Stimmen für die Bewahrung einzelner Bauten, ganzer Ensembles und Strassenzüge, nicht nur in der Altstadt, sondern auch in den Aussenquartieren, wurden immer lauter. Aus allen politischen Lagern kamen parlamentarische Vorstösse. 1963 wurde eine Initiative zum Schutze der Altstadt eingereicht.

Eine entscheidende Wende in der Meinungsbildung brachte das Gutachten der Fachverbände der Ingenieure und Architekten zum Leibbrandschen Gesamtverkehrsplan. Der Grosse Rat erhob es 1964 zum Richtplan für die weitere Verkehrsplanung. Es legte dar – was nachher die Meinung der Regierung sein sollte –, dass «eine umfassende Verkehrserschliessung der Innerstadt durch private Verkehrsmittel nicht möglich ist», und dass «vorhandene Altstadtpartien als Ganzes zu erhalten sind. Es ist falsch, nur einzelne, als wertvoll erachtete Bauten zu bewahren und deren bescheidene Nachbarn jedoch dem Schicksal des Abbruchs zu überlassen». Diese Absage an die autogerechte Stadt und die Folgerung, den Verkehr nicht durch, sondern in einem Cityring um die Innerstadt herum zu leiten, stoppten die schleichende Erosion der Altstadt. Die Regierung sagte 1972 in ihrem Ratschlag an den Grossen Rat: «Durch die linienmässige Sicherung des Cityringes kann die Idee der Talentlastungsstrasse endgültig aufgegeben werden. Damit ist es möglich, die Korrektionslinien in der Innerstadt aufzuheben und die Strassenlinien wieder in die Baufluchten zu legen.»

In konsequenter Verfolgung der Gedanken dieses Richtplanes wurden 1974 die Korrektionslinien in der Innerstadt aufgehoben, d.h. es wurden die Baulinien wieder in die bestehenden Baufluchten gelegt. Der Basler Heimatschutz hatte dies bereits 1939 bei der Schaffung der Altstadtzone angeregt. Gleichzeitig wurde die Altstadtzone auf alle jene Gebiete ausgedehnt, in welchen sich der alte Baubestand weitgehend erhalten hatte. Die «Basler-Nachrichten» schrieben dazu: «Beeindruckend ist vor allem der greifbar dargestellte Wandel im Planungskonzept: Was früher eindeutig und einseitig auf den Verkehr und die Architektur eingestellt war, bezieht nun das ganze Leben ein. Der Mensch und seine Bedürfnisse stehen im Zentrum: von dieser Basis werden Verkehr und Bauten saniert.» Die Aufhebung der Korrektionslinien drückte den Willen aus, die überlieferte Altstadtstruktur ohne Abstriche zu bewahren.

Das darauf abgestützte Konzept der Altstadtsanierung vermochte sich freilich nicht von der Fiktion der «Wiederherstellung des historischen Charakters», der «Verbesserung der Altstadt» und von Konzessionen an Normvorstellungen modernen Wohnens zu lösen. Es sah vor, Häuser abzustocken, um dem historischen mittelalterlichen Charakter näher zu kommen oder Licht und Luft mehr Zutritt zu gewähren, Liegenschaften zusammenzulegen, um moderne Grundrisse zu schaffen, andere aus Gründen der Wirtschaftlichkeit durch Neubauten zu ersetzen. Praktisch der ganze Innenbereich des Gevierts Nadelberg–Schneidergasse wäre neu aufgebaut worden. Noch war der künstlerische Reichtum, der in den zum Abbruch bestimmten Häusern verborgen war, kaum erkannt, und ihre authentische, unersetzliche historische Aussage erst lückenhaft durch Bodenforschung und Denkmalpflege erfasst und erforscht.

Die Aufhebung der Korrektionslinien und die Ausdehnung der Altstadtzone konnten nur ein Zwischenschritt sein. Sollten die so geschützten Gassenräume als echtes historisches Erbe weiterleben und nicht zur Attrappe, bestenfalls zum fremdenwirksamen Surrogat absinken, musste ein neues, gesetzgeberisches Instrumentarium bereitgestellt werden, das nicht bloss die äussere Erscheinung, sondern die Substanz der Altstadtbauten sicherte. Am 20. Oktober 1977 übertrug der Grosse Rat die Aufgabe der Altstadtzone einer neu geschaffenen Stadt- und Dorfbild-Schutzzone, in der nicht bloss der Charakter, sondern die nach aussen sichtbare historische und künstlerisch wertvolle Substanz zu erhalten ist und in der die Fassaden, Dächer und Brandmauern nicht abgebrochen werden dürfen, und am 20. März 1980 folgte ein Gesetz über den Denkmalschutz, auch dieses im Sinne der Deklaration von Amsterdam 1975 des Europarates: «Das schützenswerte bauliche Erbe schliesst nicht nur Einzelgebäude von überragender Qualität und deren Umgebung ein, sondern die Stadt- und Dorfgebiete von historischer und kultureller Bedeutung.» Mit diesen Instrumenten zum Schutze des Charakters und der Substanz dessen, was das Herz der Stadt ausmacht, war der Weg von den «minderwertigen alten Häusern» zu den prestigebeladenen, begehrten Altstadtwohnungen, vom Armeleuteviertel zum bevorzugten Wohnquartier zu Ende beschritten und zugleich der schmale Pfad der kreativen, keineswegs konfliktfreien Auseinandersetzung aller am Sanierungsprozess Beteiligten mit der zu erhaltenden Bausubstanz vorgezeichnet. Seitdem haben die wissenschaftlichen Untersuchungen der Denkmalpflege und der Archäologischen Bodenforschung, der bei den Sanierungen freigelegte, überraschende künstlerische Reichtum, das Können und Engagement der von der neuen Aufgabe faszinierten Architekten und Baubehörden immer neu die erstaunliche Lebensfähigkeit der überlieferten Bausubstanz bewiesen.

René Nertz

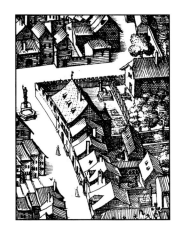

Nadelberg 14
«Zum Engel»

Architekten Buser + Minder AG, Basel

㉑ **Nadelberg 16
«Zum Kellenberg»
Nadelberg 18
«Zum Kaiser»**

In dem zweiachsigen, viergeschossigen Haus Nr. 14 und dem wegen der Geschosshöhe eher gedrückt wirkenden Haus Nr. 16, einem der schmälsten Häuser am Nadelberg, und selbst in Nr. 18, das im Frühbarock aus zwei Gebäulichkeiten zusammengewachsen ist, erlebt man die schmale gotische Parzellierung als gemeinsames und verbindendes Mass, wodurch die Dreiergruppe trotz der Individualität des Einzelnen inmitten der breitesten aller Hofstätten der Stadt sich als Einheit auszeichnet.

Haus Nr. 14 «Zum Engel» oder «Saarburg» fällt durch seine Viergeschossigkeit und durch sein dreigeschossiges Dach auf. Es konnte darin ohne besondere Schwierigkeiten eine Maisonnette-Wohnung untergebracht werden. Eine Hauptsorge galt der Erhaltung und Sanierung der aussergewöhnlich schönen Barockfenster der unteren drei Geschosse der Vorderfront.

▶
Täferstube im 1. Obergeschoss von Nr. 16 mit geschnitzten Masken und Rosetten.

Haus Nr. 16 «Bienzsches Haus» oder «Zum Kellenberg», schon 1376 erwähnt, hat als einziges Haus der Strassenzeile die gotische Befensterung über alle Zeit erhalten. Besonders reizvoll und in dieser Umgebung überraschend ist die Devanture, die hölzerne spätklassizistische Schaufensterverkleidung im Erdgeschoss. Bei den Renovationsarbeiten wurde im ersten Obergeschoss gegen den Hof eine Malerei aus der Frühzeit des Hauses im 14. oder 15. Jh. gefunden. Leider ging sie durch sorglose Unachtsamkeit verloren.
Das Haus steht unter Denkmalschutz.

Haus Nr. 18 «Zum Kaiser» stand wegen der früheren Bauabsichten auf dem Areal des anstossenden Rosshofs jahrelang leer. Als der Staat die künstlerisch aussergewöhnlich reich ausgestaltete Liegenschaft erwarb, war der untere Lauf einer eichenen Barockstiege mit prächtigem Antrittspfosten vom Parterre in den ersten Stock bereits herausgerissen. Es wurde eine Nachbildung eingebaut. Doch die Fortsetzung in die oberen Stockwerke, Täferstuben, bemalte Wände, neben anderen eine herausragende Stuckdecke im Erdgeschoss und ein Wandbild «Urteil des Paris» im ersten Obergeschoss, alles teilweise in sehr schlechtem Zustand und seither von handwerklichen Könnern wieder mit Erfolg restauriert, erinnern noch immer an die hohe Zeit dieses grosszügigen Bürgerhauses im 18. und 19. Jh.

◀
Das verspielte Intérieur mit Puppen bildet den heiteren Rahmen zum Wandbild «Urteil des Paris» im Haus Nr. 18.

Jede Taube in einer der Ecken der Stuckdecke im Erdgeschoss von Nr. 18 symbolisiert eine Jahreszeit.

Täferdecke Haus Nr. 16

▶▶
Schnitt Haus Nr. 16

Die mittelalterliche Ordnung mit Vorder- und Hinterstube und dem Treppenhaus in der Mitte, die im 18. Jh. zugunsten einer grösseren Halle im ersten Obergeschoss aufgegeben wurde, wurde bei der Sanierung wieder hergestellt. Der Ausbau des Dachgeschosses und der Grundriss des Erdgeschosses sind nach den Wünschen und Bedürfnissen der Mieterin, die auch das Ladengeschäft betreibt, gestaltet.

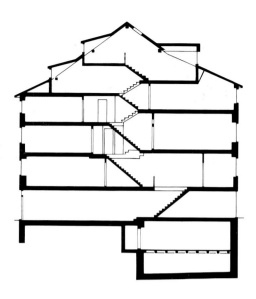

Erdgeschoss

▶▶
1. Obergeschoss

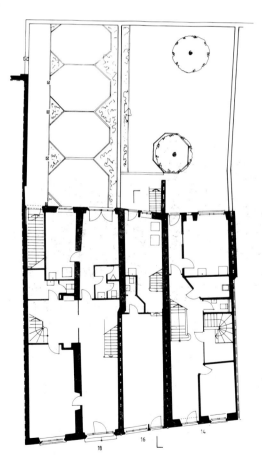
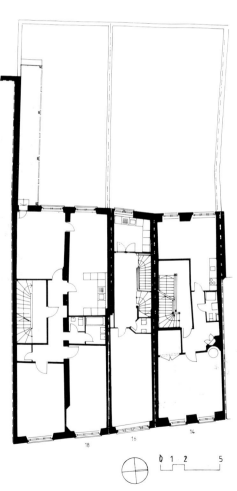

Nr. 16 ist ein Einfamilienhaus.

In Nr. 14 und 18 sind insgesamt 6 Wohnungen zu zweieinhalb bis viereinhalb Zimmern realisiert worden.

Nadelberg 20 «Rosshof»

Architekten Architeam 4, Basel
Bearbeitung H.R. Engler

Der Basler Heimatschutz hat an den Regierungsrat die nachstehende Eingabe gerichtet:

«Wir erfahren, daß ein Projekt besteht, wonach an der Stelle des «Roßhofes» (Nadelberg Nr. 20/22) eine Großgarage errichtet werden soll. Die Ausführung dieses Projektes würde die Zerstörung des Hauptbaus am Nadelberg mit allen seinen Nebenbauten an der Roßhofgasse zur Folge haben. Der «Roßhof» gehört zu den charakteristischen Stilbauten am Nadelberg. Die Fassade stammt aus dem 18. Jahrhundert. Besonders schön ist die Portalrahmung im Stil Louis XVI. Das Ganze erinnert an den abgebrochenen Segerhof am Blumenrain. Die Liegenschaft hat ihren Namen von den mit reizvollem Knickdach bedeckten Stallungen. Der «Roßhof» besitzt auch historische Bedeutung. Denn hier residierte im Jahre 1795 der französische Gesandte Barthélemy, und in diesem Haus führte er mit den spanischen Unterhändlern die Verhandlungen über den französisch-spanischen Frieden.

Schon im Jahre 1939 hat der Basler Heimatschutz vorgeschlagen, den «Roßhof» unter Denkmalschutz zu stellen, damals ohne Erfolg. In einer zweiten Eingabe vom Januar 1958 hat er den «Roßhof» unter den neu zu schützenden Gebäuden aufgeführt. Wenn auch der «Roßhof» selber leider bis dahin nicht unter Denkmalschutz steht, so liegt doch der Nadelberg in der geschützten Altstadtzone. Der Basler Heimatschutz hat, im Bewußtsein seiner Verantwortung für die Erhaltung der alten Stadtteile, am 2. Juni 1959 an das Baudepartement Vorschläge eingereicht, die u. a. die Ausdehnung der Altstadtzone bis an den Petersgraben enthalten. Wir, und mit uns weite Kreise der Bevölkerung, betrachten die Niederreißung der Liegenschaft «Roßhof» als sehr schwere Schädigung eines kostbaren Altstadtteiles. Unser Vorstand gelangt deshalb an den Regierungsrat, mit der Bitte, die Zerstörung des «Roßhofes» und seiner Stallungen zu verhindern. Wir verbinden diese Bitte mit dem Antrag, die Liegenschaft dem Denkmalschutz zu unterstellen.»

Die Eingabe des Basler Heimatschutzes vom 4. Juni 1960

Abend-Zeitung 4.6.1960

▶
Der Rosshof vor dem Abbruch der Stallungen, die den Universitätsbauten weichen mussten.

Der Rosshof, der in der Geschichte des Kampfes um die Bewahrung der Altstadt geradezu Symbolwert erlangt hat, wird erstmals 1355 erwähnt und 1721 erstmals als Rosshof bezeichnet. Die wissenschaftlichen Untersuchungen durch die Archäologische Bodenforschung und die Denkmalpflege haben neue wesentliche Einsichten in seine und der Stadt Geschichte gefördert.

Die Basis für Umbau und Sanierung des alten Rosshofs war das 1978 aus dem Wettbewerb für die Überbauung des Rosshof-Areals hervorgegangene Bauprojekt der Architekten Naef + Studer + Studer, Zürich.
Hauptbau und Seitenflügel wurden mit zwei verschiedenen Grundhaltungen angegangen. Im Hauptbau reagierte der Architekt renovativ. Die Gebäudestruktur wurde vollumfänglich beibehalten. Die Grundrisse der drei neuen Geschosswohnungen mit vier und viereinhalb Zimmern konnten darin in grosszügiger Weise organisiert werden. Wo immer möglich, wurde die alte Substanz, so z.B. das schöne Eichentäfer im 1. Obergeschoss oder der Tannenriemenboden, restauriert. Nicht mehr vorhandene Elemente oder defekte Teile wurden nachgebildet und ergänzt, Wandmalereien z.T. restauriert, z.T. wieder zugedeckt. Der alte Dachstuhl wurde nicht ausgebaut. Der bestehende mächtige Keller unter dem südlichen Hauptbau weist ein grosses Gewölbe auf. Er wurde in seiner Art belassen und dient wieder als Cliquenkeller.
Anders im Seitenflügel, in dem bisher Handwerker, ein Kunstmaler und ein Kindergarten zu Hause waren. Hier wurden alle bestehenden Innenwände entfernt; einzig die Holzbalkendecken wurden wieder verwendet. Durch das Einziehen von neuen Brandmauern entstanden, drei Stadthäuser, die durch je einen eigenen Hauseingang und je eine Wendeltreppe erschlossen sind. Statische Probleme im Zusammenhang mit der Riesenbaugrube des benachbarten neuen Rosshofs gaben Anlass, den Seitenflügel zu unterkellern.

**Der kantonale Denkmalpfleger
Dr. Alfred Wyss schreibt dazu:**

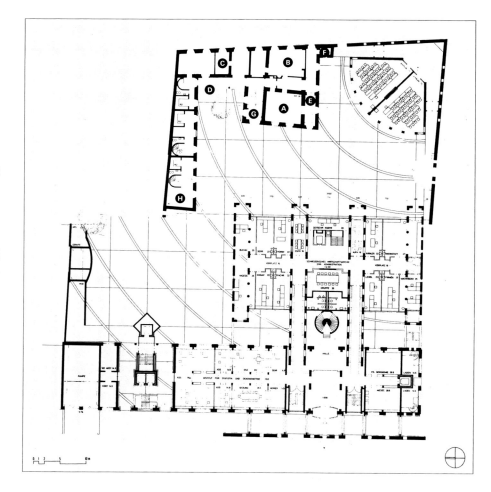

«Den Kern bilden zwei nacheinander errichtete Baukörper in der Breite der heutigen zweiten und dritten Fensterachse (A und B) und etwa der heutigen Höhe. Die beiden Häuser wurden im 15. Jahrhundert zusammengefasst und mit einem Treppenturm versehen. Das Ganze wurde nachträglich mit einem mächtigen Gewölbe unterkellert, vielleicht 1580, wenn das über dem Treppenabgang gemalte Datum stimmt.
Der heutige Flügel (C) mitsamt dem Dach und ohne die hofseitige Laube (D) bestand bereits im 16. Jahrhundert, und zwar mit dem südlichen Haus (A und B) über einer dazwischenliegenden Einfahrt verbunden. Der heutige Rosshof geht auf die Umbauten von Hieronymus Staehelin seit 1781 zurück. Die gesamte Fassade am Nadelberg wurde neu errichtet und den alten Baukörpern vorgeblendet. An den Bau (A und B) fügte man gegen Süden einen breiten Gang (E) und den Abortturm (F) an, im Norden, an Stelle des Wendelturmes, eine zweiläufige Treppe (G). Hinter dem nördlichen schlanken Trakt (C) entstand eine geschlossene Laube (D). Neu wurde der Hofflügel (H) errichtet.»

▶▶
Erdgeschoss

▶
1. Obergeschoss

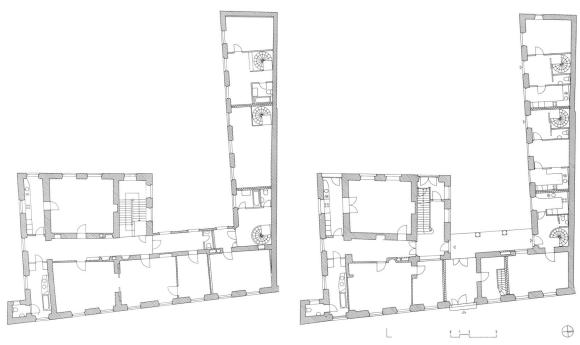

Der Hofflügel. Der Eingang zum 3. Einfamilienhaus ist von den Sträuchern verdeckt.

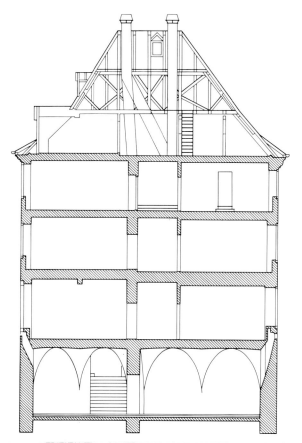

Der geräumige Dachstuhl wurde nicht ausgebaut.

Die Laube im Erdgeschoss wurde von ihrem störenden Windfangeinbau frei gemacht und zur ursprünglichen Form mit zwei Säulen aus Sandstein zurückgeführt. Die Fassade darüber ist neu als Riegelkonstruktion aufgebaut und verputzt worden.

«Mit nichttragenden Leichtwänden wurden die Raumunterteilungen vorgenommen. Unter Verwendung von Metall und Glas, schmalen Zargen mit glatten Türblättern, glatt verputzten Decken und Wänden sowie einem parallel verlegten Riemenparkett wird bewusst ein moderner Innenausbau angestrebt, welcher sich vom restaurativen Ausbau im Hauptbau deutlich unterscheiden soll.» **(Projektverfasser H.R. Engler)**

Wendeltreppe in einem der 3 Stadthäuser

Nadelberg 37 «Zum Bracken und zum Schneeberg» ㉓

Architekten Hans Beck und Heinrich Baur, Basel

Die breitgelagerte, zweigeschossige Barockfassade, an deren Fensterordnung das Zusammenwachsen aus einem rechten älteren und einem linken jüngeren Bau ablesbar ist, erweist sich für den, der vom Nadelberg durch den Durchgang (mit der Jahreszahl 1623 im Sturz) und durch das Pfeffergässlein zum Spalenhof absteigt, überraschend als Teil einer U-förmigen Hofanlage, die im 18. Jahrhundert in barockem Stil erneuert und zu einem reizvollen Ensemble mit einer hofseitigen Laube im Obergeschoss des Westflügels zusammengefügt worden ist. Weil die Gebäude jahrzehntelang nur noch gewerblich genutzt wurden und der Hof deswegen überdacht war, sind die Fassaden gegen den Hof, «in Wahrheit richtige Kabinettstücke» (Dr. F. Maurer), grauenhaft misshandelt worden. Das Ganze ist durch die Sanierung in einen Zustand gebracht worden, der dem zu Beginn des 19. Jahrhunderts nahe kommt.

Der Südflügel mit dem grossen Rundbogentor ist vom Typus eines spätgotischen Reihenhauses und der älteste Teil des Hauses. Das Spektrum der Malereifunde reicht vom 15. bis zum 17. Jahrhundert. Mit der Barockisierung im 18. Jahrhundert wurde dies alles überdeckt. Die freigelegten gotischen Wandmalereien sind nach Dokumentation teilweise wieder unter Putz zugedeckt worden, weil im 1. Stock des Hauses das Barock für das Innere der Räume massgebend ist und weil der Fehlstellen wegen zu viel hätte rekonstruiert werden müssen. Zudem war der heutigen Benutzbarkeit des gartensaalähnlichen Raumes im 1. Stock Rechnung zu tragen. Teilweise hat man sie im Treppenhaus oder als «Fenster» in der einen Vorderstube sichtbar erhalten. Die ursprüngliche Spitzbogentür neben dem grossen Rundbogentor, im Laufe der Zeit zu einem Fenster umgewandelt, ist heute der Zugang zu dem vom übrigen Haus unabhängigen Ladengeschäft im Erdgeschoss.

Südflügel, Obergeschoss des Westflügels und ausgebauter Dachstuhl sind zu einem Fünfzimmereinfamilienhaus zusammengefasst.

Der Querbau längs des Gässleins auf der Nordseite, der im letzten Jahrhundert angefügt worden ist, wurde wieder abgetragen. Eine Mauer schliesst jetzt den Hof ab.
Ein als zweigeschossiges Einfamilienhaus konzipierter Neubau, wiederum in Riegelwerk, trat an die Stelle des wegen seiner Baufälligkeit abgebrochenen Ostflügels. Das früher offene Remisengeschoss ist ebenso wie die Aufzugsgaupe verschwunden.

Der Ostflügel, heute Pfeffergässlein 43, und das lange Zeit überdachte und als Werkstatt genutzte Höflein.

Seite 120/121:
Ein Blatt aus dem Notizbuch von Dr. François Maurer zu Beginn der Untersuchungen

Die schmale gotische Türe neben dem breiten Rundbogentor wurde bei der Sanierung freigelegt und ist heute der Eingang zu dem vom übrigen Haus unabhängigen Laden im Erdgeschoss.

Nadelberg 37

Querschnitt Blick südwärts
Zustand Anfang 19.Jh.

Kopie an Dpf. 1978

Gekonnte Balance der Kuben und Räume, stets voller Rücksicht auf die Lage an der Hangkante.

Ost- und Westflügel nahezu gleich hoch; Ostflügel eine Spur tiefer, Dachneigungen identisch. Der Aufzug gibt den ausgleichenden Akzent. Die Instrumentierung der beiden Fassaden analog: an der Ostseite überwiegt der Kontrast von dreibogig offenem Erdgeschoss und dreifenstrigem Riegelstock; an der Westseite gleichmässige Zweischichtigkeit der Wand jedoch mit stockweise differenzierter Rhythmik.

Giebelwand insgesamt hangaufwärts aus der Hofachse verschoben. Berücksichtigt man aber die Tiefe der Laube, d.h. den eigentl. Baukörper des Westflügels, so ist der Giebel nahezu zentriert. Andrerseits greift die Laube soweit auf die Giebelfassade über, dass deren Mittelachse auch plastisch und als "Grenzscheide" herausgehoben erscheint. Ferner wird durch das Übergreifen der Laube die mit der Wandachse nicht zusammenfallende Kraft der Torachse etwas gebrochen.

Insgesamt ein Kalkül mit Motiven ländlicher Architektur (des 17.Jhs.) ausgeführt von einem in städtischem bewanderten Kopf nahen Ranges.

Nadelberg 3?

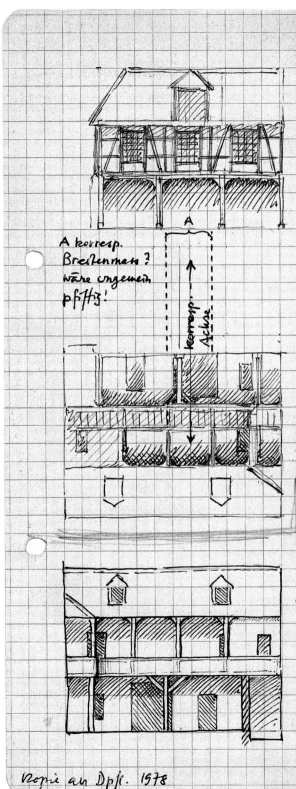

A koresp. Breitenmass? wäre ungemein pfiffig!

Kopie an Dpfl. 1978

Rekonstruierte Ostfassade des Hofs
Riegelbau. Eichenholz! Remise + Magazin.
Erhalten Teile d. sdl. Erdgeschossöffnung; Spuren
des linken freien Pfostens. Die Spuren der Rand=
stützen sollten am Sturzbalken zu finden sein.
Obergeschoss grösstenteils vorhanden; seitl. Fenster
umgemodelt. Das Balkenwerk lag – einem
Aufschlass rechts neben dem Mittelfenster zu=
folge – frei; die Gefache bündig verputzt
(z.T. herausgedrückt, da eine Partie ver=
fault ist). Aufzug zugehörig und Krönung
der aus dem Durchschnitt ragenden Fassade,
resp. der subtilen, quasi technischen Auszeichnung
der Mittelachse. Prononciert grossflächig; die
verm. Regelmässigkeiten der Proportionen erstan=
hand der unerlässlichen Planaufnahme möglich.
Erinnert mich an den späten Werenfels.

Die Westfassade des Hofs – Lauben vor Mauerker=
nur im Erdgeschoss schwierig zu rekonstruieren.
Pfosten u. Sturzbalken verm. wiederverwendet für
die "Altane" (der Hofmauer entlang).
Die "Verkröpfung" der Laube, das Allmendgässlein
rechts, die im Vgl. zur Ostseite d. Hofs grössere
Breite des 1. Stocks: all dies harte Knacknüsse
für eine harmonische, raumbezogene Fassaden=
entfaltung (die offens. nicht autrumpfen durfte
mit zweckfreien Schmuckmotiven). Der Ent=
werfer dieser zweischichtigen Hofwand scheint die
rechten Zähne gehabt zu haben. Genaueres wird
man erst anhand eines gen. Plans sagen können.
Davon hängt auch die Datierung ab. Vorläufig:
um 1790 (allfälliger Zusammenhang mit
Zimmermeister Joh. Rud. Bleyenstein (1754-1805),
der das Anwesen 1795 gekauft haben könnte,
um des Todes (d. Ehepaars Karger-Engelmann) wegen
nicht zu kurz zu kommen). Terminus ante wohl
1807 (Existenz eines später verbesserten Hinter=
hauses). Von 1819 wohl grosse Teile der Aus=
stattung; gewisse Türen; Altane?

Blick vom Spalenhof gegen Süden: Das Haus «Zum hinteren Geyer», Pfeffergässlein 41, in der Bildmitte steht Rücken an Rücken zum Ostflügel von Nadelberg 37 (Haus mit Fachwerk im Obergeschoss, heute Pfeffergässlein 43).

Grundriss des 1. Obergeschosses vor der Sanierung. Ein im letzten Jahrhundert erstellter, heute abgebrochener Anbau schliesst den Hof gegen das Pfeffergässlein ab.

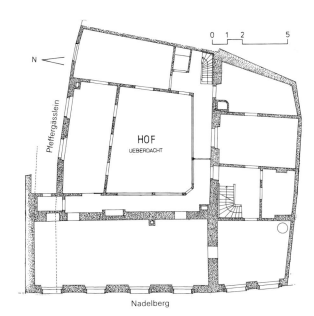

Hofflügel Ost mit Aufzugsgaupe (heute abgetragen)

Bernard Jaggi, Basler Denkmalpflege, skizziert den Ablauf der baugeschichtlichen Untersuchung:

1. Nach einer ersten Hausbesichtigung sowie der Interpretation der Pläne konnten bereits die wichtigsten Fragen über Alter, Bedeutung und Entstehung des Gebäudes präzisiert werden. Betrachtet man den Grundrissplan des 1. Stockwerks, lassen sich mehrere Gebäudetrakte erkennen, die kaum das Resultat einer einheitlichen Planung, sondern vielmehr historisch Gewachsenes darstellen. Wir gingen hier von der Annahme aus, dass der Südflügel der älteste Gebäudeteil ist und dass die nördlichen Flügelbauten sukzessive nachfolgten. Demnach legten wir das Schwergewicht auf diesen Bau, dessen spätbarocke Ausstattung im Innern mit Sicherheit ältere Zustände und Qualitäten überdeckte.

2. Bevor mechanische Eingriffe und Freilegungen erfolgten, wurde die ganze Überbauung innen und aussen fotografisch dokumentiert.

3. Anschliessend sollten gezielte Sondierungen zu älteren Putzschichten führen, die meist mit oberflächlichen Pickelhieben (zur Aufnahme des nachfolgenden Verputzes) erhalten geblieben sind. Die älteren Verputze zeigten uns, welche Teile zueinander gehören und wo beispielsweise frühere Wände abgingen oder Fenster und Türen bestanden. Im Südflügel haben sich ausserdem wunderschöne Wandmalereien auf den verborgenen Kalkputzen erhalten.

4. Die zeitliche und räumliche Zuordnung dieser Malereifunde sowie deren Differenzierung untereinander dienen der baugeschichtlichen Synthese. Die baugeschichtlichen Erkenntnisse sollen unmittelbar in den Prozess der Restaurierung einfliessen. Bereits im Treppenhaus zeigt sich eine reiche Dekoration, vor allem an der alten Ständerwand. Die verputzten Füllungen sind mit einem Perlstab mit Palmetten und Rankenkandelabern eingefasst. Dies ist die unterste Bemalungsschicht. Eine zweite Schicht weist ein lilafarbenes Band mit dunklem Abschlussstreifen als Einrahmung der Ständerfüllung auf.
Die dritte Schicht zeigt graue Farbstufen, ev. Band.
Die vierte Schicht eine lila Bemalung, ev. Band.
Die fünfte Schicht eine gelbe Rahmenbemalung mit rotem Streifen.
Die zwei letzten gehören möglicherweise zusammen.

Vorderhaus am Spalenberg

Hinterhaus

Spalenberg 12 «Spalenhof» ㉔

Architekt Beda Küng, Basel

Ein Beispiel für die Übernutzung der Altstadt gegen Ende des letzten Jahrhunderts: Die barocke zweigeschossige Laube mit den schönen Balustern ist nach 1859 zur Schaffung von Wohnräumen eingeschalt worden.

Der unter Denkmalschutz stehende Spalenhof gehört zu den bedeutendsten profanen Baudenkmälern der Stadt. Er ist schon 1615 im Merianplan ein besonders markanter Baukörper. Sein romanischer Kern ist 1247 erstmals urkundlich bezeugt und im Laufe des 16. und 17. Jahrhunderts zum heutigen Komplex mit Vorderhaus mit angeschobenem Treppenturm an der Rückseite, Hof mit zweigeschossiger Laube, Brunnen und repräsentativem Hinterhaus erweitert worden. Während Jahrhunderten war der Spalenhof Sitz von bedeutenden Kaufleuten. Er ging 1564 an den Eisenhändler und Oberzunftmeister Kaspar Krug über, der ein Jahr zuvor Kaiser Ferdinand I. in Basel empfangen hatte. In Anlehnung an diesen Besuch wird – historisch nicht ganz korrekt – der grosse Saal im 1. Stock als «Kaisersaal» bezeichnet. Eine grosse Stube mit gotischer Balkendecke im Erdgeschoss und eine gotische Stube im ersten Stock waren schon immer bekannt. In Unkenntnis dessen, was sonst noch unter den verschiedensten Verkleidungen, Gipsdecken und -wänden verborgen war, bestand 1945 die Absicht, das Haus auszukernen und von unten bis oben moderne Standardwohnungen in das historische Gehäuse einzubauen. Auch der Ratschlag 7140 über die Sanierung der 40 Altstadtliegenschaften vom Jahr 1975 sah hauptsächlich eine Wohnnutzung vor, vier Wohngeschosse mit elf Ein- bis Vierzimmer-Wohnungen über den in der Zwischenzeit im Keller und im Erdgeschoss eingebauten Kleintheatern «Fauteuil» und «Tabourettli».

Die sensationelle Entdeckung des Kaisersaals, die bei den ersten baugeschichtlichen Untersuchungen durch die Denkmalpflege im Jahre 1979 gemacht wurde, löste dann einen zähen und langwierigen Prozess des Umdenkens bei politischen Behörden und Fachinstanzen aus, der mit der Erhaltung der historischen Substanz und Struktur im ersten Obergeschoss und der Einrichtung von bloss drei Maisonnette-Wohnungen im zweiten Obergeschoss und im Dachgeschoss seinen Abschluss fand. In das erste Geschoss gelangt man heute über eine neue, geradläufige Treppe analog der früheren, in die Wohngeschosse über eine moderne Treppe an der Südseite. Der Skelettbau, eine hölzerne Ständerkonstruktion auf kräftigen Stützen mit schweren Unterzügen, war in der Mitte stark eingesunken. Der Dachausbau brachte neue Belastungen für die gesamte Statik, und die Nutzung von Theater und Kaisersaal erforderte eine besonders wirksame Schallisolation. Dies alles mit der Statik in Einklang zu bringen glich der Quadratur des Kreises. Die Idee, den Kaisersaal an einem auf die Längsachse ausgerichteten zweigeschossigen Fachwerkträger aus Stahl im 2. Obergeschoss aufzuhängen, brachte die Lösung. Dieser ruht einerseits auf der westlichen Aussenwand, anderseits auf einem zweigeschossigen Bock, einer Stahlkonstruktion, die als selbständiges, architektonisches Element von grosser Eleganz dominant im 1. Untergeschoss steht und in die die Treppe zum Erdgeschoss integriert ist.

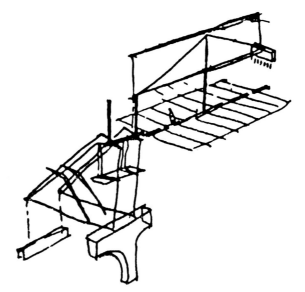

Skizze der Tragkonstruktion von Ingenieur S. Calatrava

Schnitt a
Punktiert die neue Tragkonstruktion

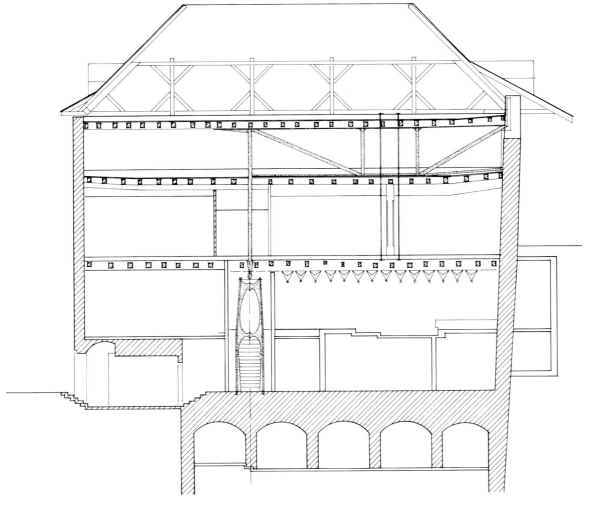

▶ Die Justitia ist Teil einer grossflächigen Fassadendekoration von 1564/66 in der Art der späteren Renaissance.

▶
Das Kernstück des Konzepts, die im Untergeschoss stehende zweigeschossige Stahlkonstruktion mit dem darin integrierten Treppenaufgang ins Erdgeschoss.

◀
Dachgeschoss   ❻

2. Obergeschoss   ❺
(3 Maisonnette-Wohnungen)

1. Obergeschoss mit «Kaisersaal». Gestrichelt die bei der Renovation entfernten Zwischenwände des 19. Jahrhunderts. Erhalten blieben die mit Holzständern erstellten Wände aus der Bauzeit um 1422.   ❹

Erdgeschoss.   ❸
Theater «Tabourettli»

1. Untergeschoss. Eingang   ❷

2. Untergeschoss.   ❶
Theater «Fauteuil»

▶
Theater Tabourettli

«An der Balkendecke über dem mächtigen, auf einer achtseitigen Stütze ruhenden Unterzug erscheint die manieristische Kassettenmalerei in Braun- und Grautönen, die allerdings nur in der einen Hälfte des Saals noch perfekt erhalten ist. An den Wänden und über den Fenstern befinden sich Grisailledekorationen mit Beschlägwerk, Masken und kaum mehr lesbaren Stützelementen. Erhalten sind hier nur noch Reste, die die renaissancehafte Schwere der ursprünglichen Ausstattung erahnen lassen.
Das Vorhandene wurde bei der Restaurierung zu lesbaren Fragmenten geschlossen. Nur beim südlichen Teil der Decke entschied man sich für eine transparente Ergänzung der noch sichtbaren Spuren, in Anlehnung an die satten Farben der gut erhaltenen Fensterseite. Die Ergänzungen wurden durchscheinend gehalten, nicht nur, damit sie vom Original unterscheidbar, sondern auch, weil damit die Reste der älteren Saaldekoration noch erkennbar bleiben. Diese bestand aus Rankenfeldern mit mächtigen Rosetten, die mit Bogenfriesen eingefasst waren.»**(Dr. Alfred Wyss)**

▶
Kaisersaal. Illusionistische Deckenmalerei

Nadelberg 39, 41

Architekten Hans Beck und Heinrich Baur, Basel

Das Haus Nr. 41 entspricht auch nach der Sanierung dem mittelalterlichen Handwerkerhaus. Innere Änderungen betrafen den Einbau von Kammern und eines Bades im Dachgeschoss, äussere ein Fenster und eine Dachgaupe auf der Rückseite. Eine Besonderheit ist eine barock ausgestattete Stube im 1. Stock, deren Holzdecke mit einem streng geometrischen Muster aus Wulststäben verziert ist. Im Mehrfamilienhaus Nr. 39 befindet sich je Stock eine Dreizimmerwohnung.

Rückfassade von Nr. 41

Rosshofgasse 3, 5 ㉖

Architekt René Schärer, Basel

Vorher

Die Hauptelemente der 1488 erstmals urkundlich erwähnten Liegenschaften stammen aus dem beginnenden 19. Jahrhundert. Teile im Umfassungsmauerwerk lassen auf ein sehr hohes Alter schliessen. Da die nur teilweise unterkellerten Häuser auf Aufschüttungsmaterial stehen, ergaben sich vor allem bei der Fundamentierung grosse Schwierigkeiten.
In beiden Häusern befinden sich heute je eine Zweizimmerwohnung und eine Vierzimmermaisonnette, im Erdgeschoss je ein Laden.

Unterer Heuberg 7 «Zum Abt» ㉗

Architekten Zwimpfer, Meyer, Basel

Das 3. Obergeschoss ist mit dem Dach zu einer Atelierwohnung mit Galerie und zwei Dachterrassen zusammengefasst.

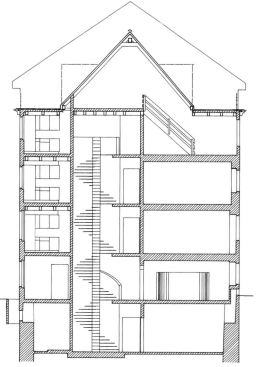

Die Liegenschaft ist aus zwei Häusern zusammengewachsen, die durch eine 1,2 m dicke Brandmauer getrennt sind. Die Sanierung dieser Brandmauer und der Rückfassade bedingte sehr umfangreiche Ingenieureingriffe in den ganzen Bau. Die Zweiteilung des Hauses drückt sich auch nach der Sanierung in den Grundrissen aller Geschosse aus.

▶▶
2. Obergeschoss neu

2. Obergeschoss vorher

▶▶
Das Erdgeschoss des rechten Hausteils dient nun als Eingangshalle mit Veloraum. Dahinter die Waschküche. Die Aussentreppe ist ersetzt durch eine im Erdgeschoss beginnende Wendeltreppe.

Erdgeschoss alter Zustand

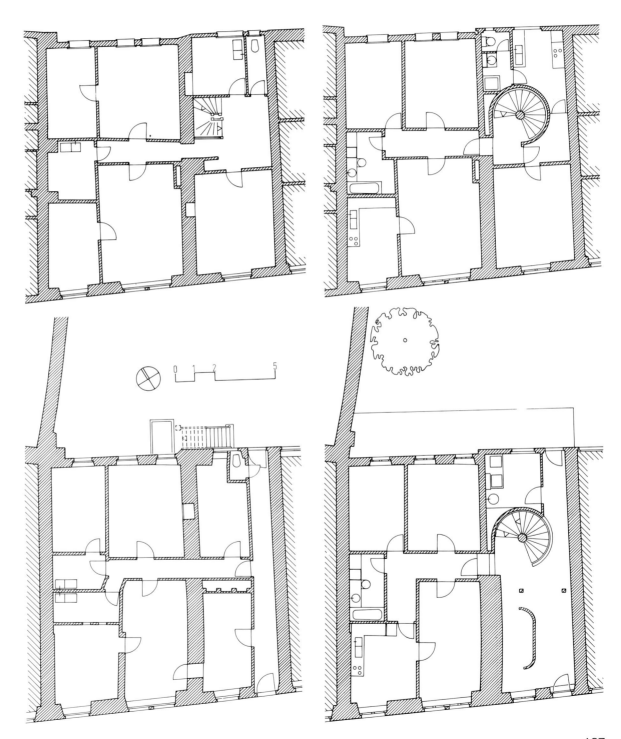

Die romantische Fassade trügt. Die baufällige Mauer musste teilweise abgetragen und neu errichtet werden. Auch der originale Dachstuhl war nicht mehr zu retten. Die hölzerne Aussentreppe war der Zugang zu den oberen Stockwerken.

Im Hausteil links im Bild wurde das Riegelwerk, das nur noch zum Teil original war und zudem sehr morsch, rekonstruiert.

Täferstube im 1. Stock

Die barocke Vorderstube im 1. Stock mit dem schön restaurierten Riemenboden.

Gemsberg 8
«Zum Liebenstein»

Architekten Gass & Hafner, Basel

Die Fassade mit ihren gotischen, schön profilierten zwei-, drei- und fünfteiligen Fenstern im 1. und 2. Obergeschoss dominiert die nordwestliche Platzwand. In der Hauptsache dürfte es sich um ein Werk des 16. oder gar 17. Jahrhunderts handeln. Das 3. Obergeschoss ist 1844 aufgesetzt worden.
Das Haus steht unter Denkmalschutz.

Unter dem neu errichteten Dach liegt eine Fünfeinhalbzimmerwohnung mit Galerie anstelle der früheren vier Mansarden.

Das Erdgeschoss ist ursprünglich eine Halle mit freistehender Holzstütze, die einen bemalten Unterzug trägt. Das Treppenhaus ist durch eine Glaswand von der Kunstgalerie abgetrennt.

Nach der Sanierung: Das alte Hinterhaus ist abgebrochen; das neue dient der Kunstgalerie als Ausstellungsraum. Der Zwischenbau ist auf eine Laube und einen Abstellraum reduziert.

Vor der Sanierung: Bewohnter Verbindungsbau und Spenglerwerkstatt.

Das neue Dachgeschoss bedingte die Vergrösserung der Dachgaupen und die Erstellung einer zweiten Reihe.

1. und 2. Obergeschoss: je eine Vierzimmerwohnung.
3. Obergeschoss und Dachgeschoss: Fünfeinhalbzimmer-Maisonnette.

Gerbergässlein 18 ㉙
«Zer Niederburg»

Architekten von Ehrenberg & Cie, Basel

Ländliche Kleinstadt mitten in Basel. Das Gerbergässlein im Blick vom Unteren Heuberg.

Das Haus wird im Baurecht von einer Familie bewohnt.

Finanzierung und Wirtschaftlichkeit

Der Staat besitzt in der Basler Innerstadt eine beachtliche Zahl von Liegenschaften; trotzdem verfügt er nur über einen kleinen Anteil des gesamten innerstädtischen Liegenschaftsbestandes. Das vom Regierungsrat angestrebte Ziel der Erhaltung der historischen Bausubstanz und der Durchmischung der Bevölkerung im innerstädtischen Bereich kann daher mit der staatlichen Liegenschaftspolitik allein nicht erreicht werden. Es kommt darauf an, dass der Umgang des Staats mit seinen Liegenschaften auf die privaten Besitzer ausstrahlt. Wenn der Staat nachweist, dass mit der Sanierung von Altstadtliegenschaften auch die finanzielle Rechnung aufgeht, wird er bei den übrigen Eigentümern einen Schneeballeffekt auslösen, der seine kulturellen und bevölkerungspolitischen Ziele erst erreichbar macht.

In diesem Abschnitt werden deshalb die wirtschaftlichen und finanziellen Aspekte der Altstadtsanierung dargelegt. Alle Angaben beziehen sich auf die Verhältnisse von Anfang 1989 (Hypothekarzinssatz 5%, BIGA-Index der Konsumentenpreise ca. 114).

Acht Altstadtliegenschaften wurden an Private im Baurecht abgegeben mit der Auflage, sie fachgerecht sanieren zu lassen und anschliessend selbst zu nutzen. Zwei Liegenschaften wurden aus verschiedenen Gründen nicht oder noch nicht saniert, und auf das Schliessen der Baulücke an der Rheingasse (eigentlich ein Neubau und keine Sanierung) wurde verzichtet. Da für die Liegenschaft Spalenberg 12 zur Zeit die Bauabrechnung noch nicht vorliegt, wird sie für die weiteren Aussagen ebenfalls ausser Betracht gelassen.

Die bereinigten Sanierungskosten für die verbleibenden Liegenschaften wurden gemäss Bericht Nr. 7221 der Grossratskommission vom 18. März 1976 auf rund 22,3 Mio. Franken veranschlagt. Dieser Betrag, zusammen mit dem Buchwert der alten Bausubstanz, bildete die Grundlage für die Mietzinskalkulation. Es wurde bewusst darauf verzichtet, anstelle des Buchwerts den (theoretisch richtigen) wirtschaftlichen Restwert der alten Bausubstanz anzurechnen, denn schon 1976 war man sich im klaren, dass die resultierenden Mieten trotz der zurückhaltenden Kalkulationsbasis für die damalige Zeit recht hoch ausfallen mussten. Die aus dieser Rechnung resultierenden Anlagewerte wurden zum geltenden Hypothekarzinssatz von 5% verzinst. Unter Berücksichtigung der Unterhalts-, Reparatur- und Betriebskosten ergaben sich je nach Zustand der Liegenschaft Mietzinse in der Grössenordnung von Fr. 140.– pro m² und die kalkulatorische Bruttorendite erreichte den kostendeckenden Satz von rund 6,1%. Zu diesen Ansätzen sind die Wohnungen dann auch vermietet worden. Bei der Vermietung der sanierten Altstadtwohnungen haben wir quer durch die Bevölkerung ein grosses Interesse festgestellt. Offensichtlich entdecken viele Baslerinnen und Basler die Vorteile des Wohnens in der Altstadt wieder.

Die tatsächlichen Kosten für die Sanierung der verbleibenden Liegenschaften betrugen gemäss Bauabrechnung des Hochbauamtes 31,8 Mio. Franken. Die Kostenüberschreitung hatte zur Folge, dass die kalkulierte Bruttorendite 6,1% vorübergehend auf 4,5% gedrückt wurde. Diese völlig ungenügende Bruttorendite ist auch bei privaten Neu- und Umbauten der letzten Zeit leider nicht unüblich geworden.

Glücklicherweise sind im Laufe der Zeit die Mieten in den sanierten Liegenschaften – verglichen mit den heute angebotenen gleichwertigen Wohnungen – verhältnismässig günstig geworden. Dies gibt uns Gelegenheit, bei Neuvermietungen (und nur bei diesen!) die Mieten derart anzusetzen, dass wieder eine kostendeckende Bruttorendite erreicht wird. Die Rückkehr zu «normalen» Bruttorenditen ist innert relativ kurzer Zeit zu erwarten, so dass – gerechnet über die gesamte wirtschaftliche Lebensdauer – die Sanierung der Altstadtliegenschaften auch wirtschaftlich zu rechtfertigen ist.

Der Finanzierungsplan für die Sanierungskosten trug 1976 der Finanzlage unseres Kantons zur Zeit der Verabschiedung der Vorlage Rechnung. Der Regierungsrat hatte wegen der angespannten Lage eine für den Staat ungewöhnliche Methode der Finanzierung vorgeschlagen: die Aufnahme von Hypotheken

Staat und private Sanierung

bei der Pensionskasse des Basler Staatspersonals und bei der Basler Kantonalbank. Nun hat sich die Lage in der Zwischenzeit gründlich geändert. Erstens ist es gelungen, den Staatshaushalt unseres Kantons wieder ins Gleichgewicht zu bringen. Zweitens hat sich während der Phase der Bauausführung (und Mittelbeschaffung) auch die Lage auf dem Kapitalmarkt entspannt. Drittens ist in der Zwischenzeit das neue Finanzrecht im Kanton Basel-Stadt in Kraft getreten. Schliesslich haben sich auch die Meinungen über die für den Staat «richtige» Finanzierungsmethode in den 15 Jahren zwischen der Planung und der Realisierung geändert. Die meisten Spezialisten des Finanzrechts vertreten heute die Auffassung, eine Hypothek auf einer Staatsliegenschaft sei in einem gewissen Masse ein Widerspruch, weil der Staat als Schuldner die höchstmögliche, auch durch Hypotheken nicht übertreffbare Sicherheit bietet.
Trotzdem hat sich das Finanzdepartement entschieden, die im Ratschlag 7140 erwähnte Finanzierungsart zu realisieren. Im Jahre 1989 wurde ein Darlehensvertrag zwischen der Einwohnergemeinde der Stadt Basel und der Pensionskasse des Basler Staatspersonals über den Betrag von Fr. 35 Mio. (Bausumme inkl. aufgelaufene Zinsen) abgeschlossen, und zur «Sicherheit» sind die sanierten Liegenschaften mit einer Globalhypothek belastet worden.

Dr. Werner Strösslin
Chef der Zentralstelle
für staatlichen Liegenschaftsverkehr

Mit Mitteln aus dem Arbeitsrappenfonds wurde seit 1936 die Sanierung bedeutender privater Liegenschaften in der Altstadt unterstützt. Dabei rückte neben dem Ziel der Arbeitsbeschaffung das Ziel der Erhaltung der Bausubstanz der Altstadt immer mehr in den Vordergrund, und als der Fonds einschliesslich der speziell für die Altstadtrenovation bestimmten Gelder nahezu erschöpft war, beschloss der Grosse Rat 1975 ein Anschlussgesetz betr. «Beiträge an schützenswerte Bauwerke». Er stellte so die Subventionierung privater Liegenschaften auch für die Zukunft sicher. Das 1980 erlassene erste Basler «Gesetz über den Denkmalschutz» setzte ein neues Zeichen und wurde zur gesetzlichen Grundlage und zum Anstoss für eine nun wachsende private Renovationstätigkeit. Zusammen mit der Sanierung der 40 Altstadtliegenschaften des Staates löste sie eine Kettenreaktion aus, die zur Sanierung ganzer Strassenzüge führte. Seitdem werden im ganzen Kantonsgebiet jährlich 40–50 Privatobjekte subventioniert.
Sanierungen sind nie gegen Überraschungen wie z.B. die Entdeckung bemalter Decken und Wände gefeit. Bei begrenzten Krediten lösen sie nicht nur eitel Freude aus. Auch hier leistet der Staat dem privaten Bauherrn mit zusätzlichen z.T. erhöhten Beiträgen Hilfe.
Als weitere Massnahme zur Förderung der Sanierung durch Private sei die Abgabe von Staatsliegenschaften im Baurecht an Private erwähnt. Die Kaufkosten des zu sanierenden Hauses sind im allgemeinen niedrig; für die Finanzierung der relativ hohen Sanierungskosten ist wesentlich, dass das Grundstück nicht erworben werden muss. Solche Baurechtsliegenschaften sind gleichermassen subventionsberechtigt wie andere private Liegenschaften. In Einzelfällen sind zudem Beihilfen aus dem Wohnungserneuerungsgesetz möglich. In allen Fällen ist das Amt für Bausubventionen durch Beratung und Prüfung wesentlich mitentscheidend.

Peter Baumgartner
Chef Amt für Bausubventionen

St. Johanns-Vorstadt 4
«Zum Roseck»
Architekten Urs Remund und Max Alioth, Basel

Die schmale und wenig tiefe, als Abschluss der rheinseitigen Totentanzbebauung wichtige Liegenschaft ist urkundlich erstmals um 1290 erwähnt und gehört somit zu den ältesten in der Vorstadt. Die Biedermeierfassade hat sie um 1830 erhalten.

Vor der Sanierung: Die Rückfassade, «ein lustiges Gewinkel, langsam gewachsen aus den Bedürfnissen der jeweiligen Bewohner», ist im Sandwich zwischen den um viele Meter tieferen Nachbarhäusern eingeklemmt und verschattet, so dass die herrliche Aussicht auf die Berge von Markgräflerland und Schwarzwald rheinauf- und rheinabwärts versperrt ist.

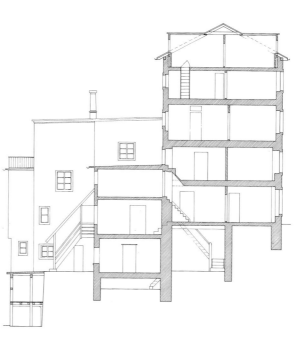

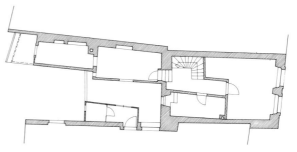

1. Obergeschoss

Nach der Sanierung

Die rheinseitigen Anbauten aus Holz wurden abgebrochen und an den gegen die Vorstadt gelegenen Teil, in dem einzig die Mauern, Fenster und Balkenlagen erhalten blieben, wurde ein Neubau angefügt. Treppenhaus und Sanitärräume sind im Neubauteil untergebracht.

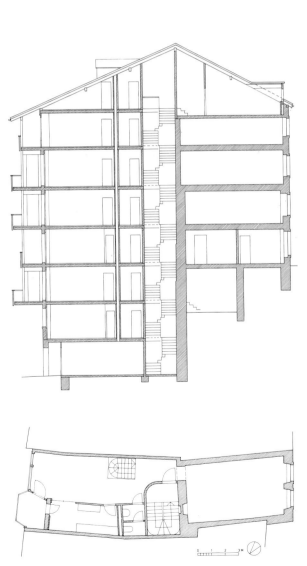

Das Haus hat heute 1 Zwei-, 1 Drei- und 2 Vierzimmerwohnungen.

1950. «Das Malerische der Rheinseite vom Seidenhof bis zur Rheinschanze besteht nun in dem grösstenteils hölzernen Aufbau der Hinterhäuser mit den vielen Fenstern, Lauben und Terrassen, die von wilden Reben und üppigen Guirlanden umrankt sind.» (Basler Nachrichten 13.9.1879)

1990. Das Vorspringen-und-wieder-Zurückweichen der Rheinfront ist im Laufe der Jahrzehnte Haus um Haus ausgebügelt worden. Der Wechsel von Lauben, Erkern und Terrassen und der mittelalterliche Rhythmus der Fassaden sind geblieben.

St. Johanns-Vorstadt 35

㉛ «Zum Antönierhof» oder «Zum innern Klösterli»

Hochbauamt

Der heute in seiner Hufeisenform kaum erkannte und so auch vom Passanten wenig beachtete Antönierhof wurde um 1760 anstelle der ehemaligen Niederlassung der Antoniter erbaut. Die für den barocken Repräsentationsbau häufig gewählte, in Basel aber seltene Form des «Hôtel mit Ehrenhof» bildete den glanzvollen Auftakt zur inneren St. Johanns-Vorstadt. Die original rote Fassade wurde noch in barocker Zeit grau gestrichen. Bemerkenswert sind die Putzfelder unter den Fenstern, gleich der «Sandgrube» an der Riehenstrasse, dem heutigen Lehrerseminar. 1898 baute der Basler Architekt Leonhard Friedrich den rechten, nördlichen Flügel wegen einer Strassenkorrektion stilsicher neobarock um. Ein Prunkstück des Gebäudes ist das Treppenhaus, über das sich eine prachtvolle Decke mit reichen Stukkaturen spannt und das mit einer illusionistischen Scheinarchitektur ausgemalt ist.
Der Ehrenhof wurde leider 1927 mit Ladengeschäften überbaut, und das prächtige Louis-XV.-Portal ging 1931 durch einen Verkauf nach Venedig.
Mit Rücksicht auf die seit Jahrzehnten hier eingemieteten Ladengeschäfte beschränkte sich die Renovation auf die Sanierung der bestehenden Wohnungen, die Rückwandlung der vom Technischen Dienst des Kantonsspitals belegten Räume in drei Wohnungen und den Neuanstrich der Fassaden. Die strassenseitige Fassade und das Dach stehen seit 1976 unter Denkmalschutz.

Das vom damaligen Besitzer schnöd nach Venedig verkaufte Gitterportal.

Der Besitzer Emanuel Ryhiner bei der Abreise. Im Hintergrund das St. Johanns-Tor.

Hebelstrasse 9

Architekten Löw & Dörr, Basel

Die Hebelstrasse hat ihren Namen 1860 erhalten, da man damals glaubte, das Haus Nr. 3 sei das Geburtshaus von Johann Peter Hebel. Vorher hiess sie die Neue Vorstadt.
Der Stadtplan von Matthäus Merian 1615 zeigt auf der Nordseite der Strasse eine geschlossene Zeile von mittelalterlich schmalen Häusern, auf der Südseite wenige grosse Häuser und tiefe breite Gärten hinter einer langen Einfriedungsmauer.
Im 17. und 18. Jahrhundert haben grosse repräsentative Bauten wie der Holsteiner- und der Markgräflerhof der Nordseite der Strasse das barocke Gepräge gegeben. Die wenigen gotischen Häuser, die von diesen nicht verdrängt worden sind, haben schliesslich in jüngster Zeit den modernen Gebäuden von Universität und Kantonsspital weichen müssen.
Auf der Südseite treten die niedrigen, ein- und zweigeschossigen Häuser 9, 11, 13, 15 nach der Strasse hin bescheiden auf. Bis zu ihrer Sanierung und Rückwandlung in Wohnbauten dienten sie verschiedenen Zweigen der Verwaltung des Kantonsspitals.
Haus 9 und Haus 15 stehen unter Denkmalschutz.

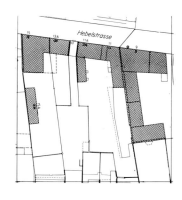

Haus Nr. 9

Südflügel 2 Etagenwohnungen
Verbindungsbau 2 Einfamilienhäuser
Nordflügel 1 Einfamilienhaus
Feuerwehr

Das langgestreckte, eingeschossige ehemalige Remisengebäude mit dem dominanten Dachaufzug über der Toreinfahrt diente vor seinem Umbau zu Wohnzwecken Teilen der Ökonomie und der Hausfeuerwehr des Kantonsspitals. Fünf Wohneinheiten öffnen sich heute gegen den dreiseitig geschlossen umbauten Hof, an dessen 4. Seite die Wand des «Gyrengartens» stösst, und in dessen Mitte eine breit ausladende Linde ein Gefühl ländlicher Abgeschiedenheit und Geborgenheit vermittelt. Die Feuerwehr und ihre Mannschaftsräume sind an Ort geblieben.

Garten Nr. 11/11a

Am rechten Bildrand das neu erstellte Mehrfamilienhaus der Architekten Herzog und de Meuron

Hebelstrasse 11, 11a ㉝

Architekten Winter, Trueb, Ellenrieder, Basel

Dachgeschoss

1. Obergeschoss
▶▶

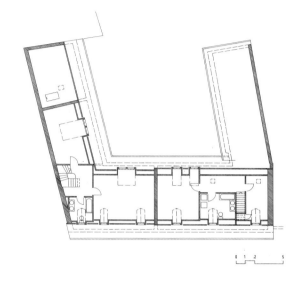

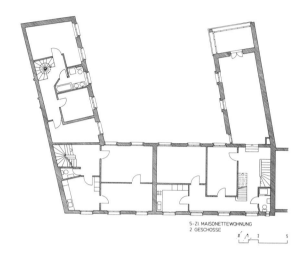

Schon früher waren in den neben ihren Nachbarn eher unauffälligen einstigen Ökonomiegebäuden einfache Wohnungen eingerichtet. Nachdem nunmehr die Häuser ausschliesslich für Wohnzwecke genutzt werden sollten, gelang es den Architekten, vier Wohneinheiten ganz verschiedener Art darin unterzubringen, in Haus Nr. 11 eine Fünfzimmer- und eine Vierzimmer-Maisonnette, in Haus Nr. 11a eine Vierzimmerwohnung im Erdgeschoss, in Ober- und Dachgeschoss eine Fünfzimmer-Maisonnette, dazu einen Cliquenkeller im Untergeschoss.

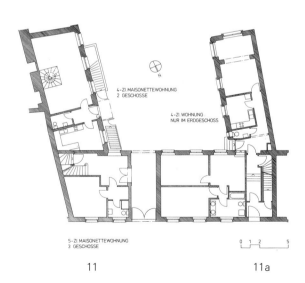

Erdgeschoss

11　　　11a

Hebelstrasse 13a, 15, 15a

Architekten Vischer AG, Basel

Über dem 3. Bogen das Oval-Relief mit den Wappen der Familien des Erbauers Bürgermeister Franz Robert Brunschweiler und seiner Gattin Esther Hummel.

Die fünf feingemeisselten Bogen, die von quadrierten Pfeilern getragen werden, öffneten sich ursprünglich gegen eine offene Erdgeschosshalle.

Die Häuser 13a und 15 sind im Winkel zusammengebaut, Haus 15a steht im Hinterland frei an der Parzellengrenze. Sie öffnen sich zu einem gemeinsamen Garten, in dem jeder der vier Wohneinheiten ein Gartenanteil mit Sitzplatz zugeordnet ist. Das eingeschossige 13a ist zum Einfamilienhaus ausgebaut gleich wie das freistehende zweigeschossige 15a im Garten.
Das Prunkstück der Gruppe, das «Brunschwiler-Haus» Nr. 15, ist 1678/79 als Gartenhaus erbaut worden. Es wendet sich offenbar bewusst von der Strasse ab und gibt sich hier sehr einfach; bloss die gotischen Fenster und eine Louis-XIV-Türe lassen etwas von dem Reichtum dahinter ahnen. Umso prunkvoller zeigt es sich in seiner in schwerem flämischem Barock ausgeführten Hauptfassade gegen den Garten. Die Stuckdecken und alles künstlerisch Wertvolle waren während der langen Jahre der Benützung durch die Spitalverwaltung sorgfältig abgedeckt.

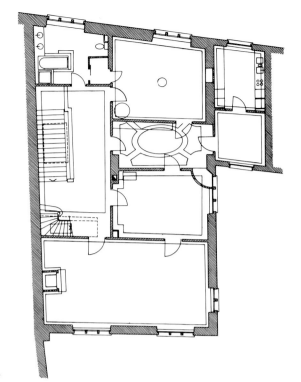

Obergeschoss Nr. 15

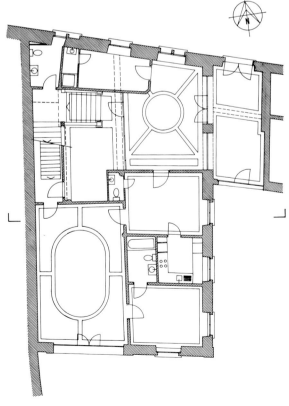

▶▶
Das Erdgeschoss mit separatem Zimmer ausserhalb des Wohnungsabschlusses.

Haus Nr. 15a im Garten.

Die Eingangshalle mit dem Glasabschluss gegen die obere Wohnung.

Petersplatz 5

Architekten Lorenz Egeler und Ernst Zimmer, Basel

Vor der Sanierung befanden sich 5 Kleinwohnungen in dem 1860 neu erbauten Haus. Das erste Sanierungsprojekt gemäss dem regierungsrätlichen Ratschlag 7140 sah sogar 6 Einzimmerwohnungen vor. Nachdem das Haus im Baurecht an den heutigen Besitzer abgegeben worden war, renovierte er es als Einfamilienhaus.

Leonhardsgraben 24, 26, 30, 32
Auf der Lyss 20, 22

36

Architekten Casoni + Casoni, Basel

Leonhardsgraben 24

Der sehr schlechte bauliche Zustand, die Vielzahl gefangener Räume und das Fehlen auch des bescheidensten Komforts – ein WC für die Gesamtheit der Bewohner aller Stockwerke – erzwangen tiefe Eingriffe in die Gebäudestruktur. Die Treppe wurde versetzt und neu erstellt, eine Waschküche eingerichtet und Lagerraum und Keller wurden zum Laden geschlagen.

Die vielfältig gegliederte Häusergruppe liegt dort, wo sich äusserer und innerer Mauerring näher gekommen sind als anderswo in der Stadt. Auffallend ist der Verlauf der Baufluchten, auffallend auch die fast zufällig wirkende Abfolge der Kuben vom dreigeschossigen Wohnhaus über das eingeschossige, einstige Ökonomiegebäude Nr. 30 und den auf der Giebelseite fünfgeschossig dominierenden Eckbau Nr. 24 bis zum niedrig langgestreckten ehemaligen Wirtshaus Auf der Lyss 20. Seit dem Mähly-Plan von 1845 hat sich hier nichts verändert. Der Korrektionsplan 1949 sah vor, die ganze Gruppe – heute 17 Ein- bis Vierzimmerwohnungen – wegzukorrigieren.

▶
3. Obergeschoss vorher
1 Kochen und Essen
2 Wohnen und Schlafen
3 Abstellraum

▶▶
3. Obergeschoss nachher
Dreizimmerwohnung mit Abstellraum

▶
Erdgeschoss vorher
1 Laden
2 Lager zu Laden
3 Werkstatt zu Laden
4 Hauseingang
5 Haus-WC

▶▶
Erdgeschoss nachher
1 Laden mit Arbeitsraum, WC und Lager (UG)
2 Hauseingang
3 Mieter-Waschküche

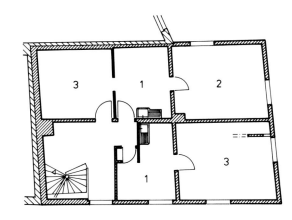

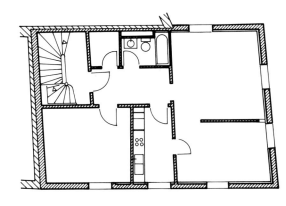

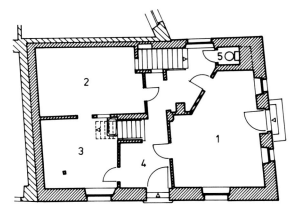

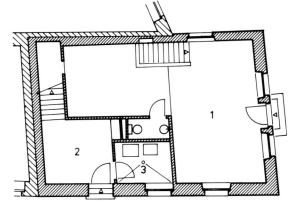

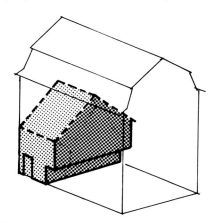

Das gefundene Gebäude im heutigen Haus

Das erweiterte Gebäude im heutigen Haus

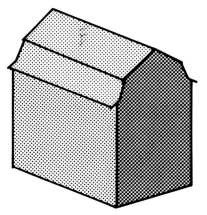

Das heute erkennbare Bauvolumen des Hauses

**Architekt Markus Schmid,
Basler Denkmalpflege,
schreibt zur Baugeschichte:**

«Auch für das Haus Leonhardsgraben 24 erbrachten die Untersuchungen der Denkmalpflege einige interessante Hinweise. Aus der Summe der möglichen Feststellungen stellen wir auszugsweise den damals eruierten Kern des Baus dar, ein kleines Wohnhaus mit einem Obergeschoss. Dieses Haus hatte unter seinem Westteil einen Keller und im Obergeschoss zwei von einer Bohlenständerwand getrennte Räume. Das Obergeschoss kragte an der nördlichen Front auf Balken mit bearbeiteten Enden über das Erdgeschoss hinaus vor. Das Dach war ein relativ flach geneigtes Pultdach. Diese vom Üblichen abweichende Form wird durch die Lage des Hauses am Kopf einer Häuserzeile erklärt; hinter diesem Haus bestand schon zur Zeit seiner Erstellung ein zweites.
Der kleine Bau wurde in barocker Zeit verändert, der Aufbau des heutigen Zustandes erfolgte 1809. Ein erstes Gebäude ist 1397 nachgewiesen.»

1. bis 4. Obergeschoss je eine Dreizimmerwohnung
Dachgeschoss: Mieterestriche

Steinenbach-gässlein 42
«Steinenmühle»
Architekt Beat Hirt, Basel

Die 1345 vor dem Erdbeben erwähnte, vom Steinenbach oder Rümelinbach betriebene Mühle besteht schon im Merianplan 1615 aus der Mühle und dem angeschobenen Nebengebäude. Anfang dieses Jahrhunderts wurde der Teich überdeckt und der Mühlenbetrieb eingestellt. Heute dient die Steinenmühle als Betriebsgebäude des Strassenunterhaltsdienstes. Separat zugängliche Kleinwohnung.

Kohlenberg 23

Architekten Gass & Hafner, Basel

Die Liegenschaft Kohlenberg 23, mit klassizistischem Wohnhaus aus der Mitte des 19. Jahrhunderts und zugehörigen Gewerbebauten im Hof, wurde 1958 für Schulzwecke des Gymnasiums am Kohlenberg umgebaut. Gleichzeitig wurden die Gewerbebauten abgebrochen. Einige Jahre später erfolgte die Einrichtung eines Kindergartens im Erdgeschoss. Ab dem Schuljahr 1984/85 wurden die Unterrichtsräume für das Gymnasium nicht mehr benötigt, und für den Kindergarten konnte in unmittelbarer Nähe ein Ersatzlokal gefunden werden, so dass die Liegenschaft für Wohnzwecke freigegeben wurde.
Das Haus steht in der Schutzzone.

Um den architektonischen Ausdruck zu erhalten, wurden nur wenige gezielte Eingriffe vorgenommen bzw. wenige neue Elemente hinzugefügt. Auf der Strassenseite kamen lediglich fünf liegende Dachfenster hinzu. Der bisher ungenutzte Dachstock wurde zu einer Fünfeinhalbzimmerwohnung mit Galerie ausgebaut, die Erdgeschosswohnung dem Abwart des Gymnasiums am Kohlenberg zugewiesen.

Ohne wesentliche Änderungen konnten in die vorhandene Gebäudestruktur im Erdgeschoss eine Viereinhalbzimmer- und im 1. Obergeschoss eine Fünfeinhalbzimmerwohnung eingerichtet werden.

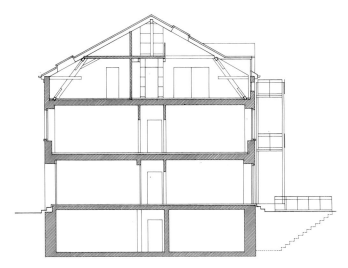

Die Hofseite wurde freier behandelt: Ein schmaler Dachaufbau, vier Halbrundgaupen, die über den Attikafenstern stehen, ein Balkonanbau sowie eine Aussentreppe zum Keller, welche den oberen Wohnungen einen Zugang zum Garten erlaubt.

Grundriss Erdgeschoss

Der Hausflur auf der Kohlenbergseite

Grundriss Dachgeschoss

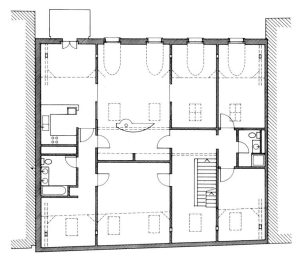

Dachgeschoss mit Galerie

Um die Jahrhundertwende

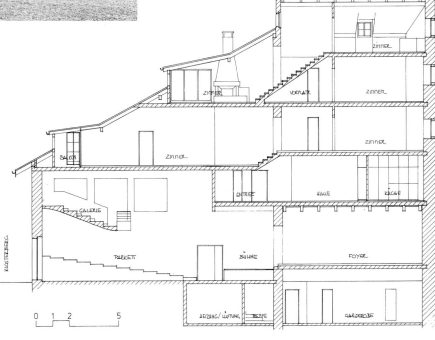

Schnitt nach dem Umbau

Klosterberg 15

Architekt Diether Th. Rohner, Basel

Zwei Baukörper stossen in der Liegenschaft aneinander, ein vorderer mit einem imposanten Pultdach und einem vierteiligen gotischen Fenster und ein hinterer, der viergeschossig dazu senkrecht steht und auch nach aussen seine Funktion als jahrhundertealtes Lagerhaus dokumentiert hat, bis die ganze Liegenschaft 1915 als Requisitenmagazin an das Stadttheater überging. Sie scheint seit ihrer ersten Erwähnung 1366 immer ein Ökonomiegebäude gewesen zu sein. Die Sanierungsabsicht, neuen Wohnraum zu schaffen, verbot, sie dem ursprünglichen Zweck wieder zuzuführen.

1983 wurde die Liegenschaft von einem Privaten im Baurecht erworben. Er löste das Problem der Nutzung des bestehenden hohlen Kubus durch den Einbau von zwei Maisonnette-Wohnungen und eines Kleintheaters. Die Umnutzung des Hauses wurde äusserlich durch den Einbau der zwei Gerbergaupen in die vormals geschlossene Fläche des Pultdaches erkauft. Infolge des 1990 erfolgten Besitzerwechsels sind die Theater- in Verkaufsräumlichkeiten umgewandelt worden.

Neues Leben im alten Rahmen

Wohnen Familien in den neu angebotenen Wohnungen? Spielen wieder Kinder in den Gassen? Wurde die Altstadt in Teilen revitalisiert? Mittels einer mündlichen Befragung von 47 Haushalten in 20 Liegenschaften, d. h. in der Hälfte der 40 von der ersten Sanierungsetappe erfassten, und mittels eines Fragebogens versuchte ich durch den Vergleich der Verhältnisse von 1975 und von 1989 eine vorläufige Antwort auf diese Fragen zu erhalten. Die 3 Untersuchungsgruppen umfassten 11 Häuser im Gebiet Andreasplatz/Imbergässlein, 6 Häuser an der Rheingasse und 3 im St. Alban-Tal. Diese beschränkte Anzahl von Objekten erlaubt zwar keine für alle vom Staat sanierten Liegenschaften gültigen Schlüsse, vermag aber doch einige Schlaglichter zu werfen.

Vor der Sanierung waren drei Fünftel der damals 52 Wohnungen von Einzelpersonen bewohnt, von denen mehr als die Hälfte im Rentenalter standen. Auch in vier Fünfteln der Zweipersonenhaushalte hatte mindestens ein Partner 65 Jahre überschritten. Ein Achtel waren Familien mit Kindern, wovon aber keines weniger als 15 Jahre zählte. Ein Hauptmerkmal war also die Überalterung.

Mit der Sanierung änderte sich die Bewohnerstruktur vollständig. Die Zahl der Einpersonenhaushalte in den nur mehr 47 Wohnungen fiel von drei Fünfteln auf zwei Fünftel. Jene der Zweipersonenhaushalte blieb etwa gleich. Die Zahl der Familien verdoppelte sich vorerst, sank dann aber wieder deutlich ab. Eindrücklich ist das Schrumpfen der Zahl der Rentnerhaushalte von 28 auf 2 und dass heute wieder 15 Kinder im Alter unter 15 Jahren die alten Gassen beleben.

Haushaltzusammensetzung

	H	1P	2P	F
1975	52	30	15	7
Erstmieter	47	19	14	14
1989	47	21	15	11

Altersgruppen

	0–14	15–64 Jahre	65 und mehr
1975		50	36
Erstmieter	15	83	1
1989	15	74	2

Dass diese erfreuliche Revitalisierung mit einer Verdrängung einkommensschwacher Mieter parallel ging und dass damit soziale und menschliche Härten verbunden waren, darf nicht übersehen werden. Sie betraf Menschen, von denen die meisten 20 und mehr Jahre, einzelne gar bis zu 60 Jahre hier gelebt hatten. Alle Vormieter wurden aus ihrem langjährigen Wohnsitz verdrängt. Neunundzwanzig von ihnen fanden wieder eine zinsgünstige Wohnung in einer Staatsliegenschaft in der Altstadt, siebzehn zogen in private Liegenschaften, mehrheitlich im Matthäus-Quartier. Die meisten blieben auf «ihrer» Rheinseite. Nur in wenigen Fällen kam es zu einem Wechsel von Gross- nach Kleinbasel oder umgekehrt.

Die Grossratskommission zur Behandlung des Ratschlags 7140 war sich der finanziellen Konsequenzen für die bisherigen Bewohner bewusst und hielt in ihrem Bericht 7221 vom 18. März 1976 fest: «Die Kommission ist sich darüber klar, dass eine ganze Anzahl jetziger Mieter die neuen Mieten nur schwerlich oder gar nicht aufbringen kann. Zweifellos wird ein Teil dieser Mieter – aus diversen Gründen – es vorziehen, die übernommene ‹Ausweichwohnung› beizubehalten». In die «Heimat» ist nach der Sanierung keiner zurückgekehrt. Für die grosse Mehrzahl wäre die neue Mietzinsbelastung zu hoch gewesen.

Obwohl keine Luxuswohnungen, sondern Wohnungen mit dem heute allgemein üblichen Komfort angeboten wurden, lebten zur Zeit der Untersuchung weder gelernte noch ungelernte Arbeiter darin. Ein Drittel der Erwerbstätigen waren Selbständige, Ärzte und Direktoren.

H Haushalt
1P Einpersonenhaushalt
2P Zweipersonenhaushalt
F Familien

Es fällt auf, dass das Mietverhältnis eines relativ hohen Anteils der Neumieter weniger als 3 Jahre dauerte. Dies gilt vornehmlich für die Kleinwohnungen. Die Gründe sind so vielfältig wie anderswo in der übrigen Stadt. Dem stehen die 20 von 47 Befragten gegenüber, die als Erstmieter, d.h. seit rund 7 Jahren ohne Unterbruch hier wohnen. Von den 31 Zuzügern, die von ausserhalb der Stadt kamen und hier Wohnsitz nahmen oder noch haben, kamen 14 aus dem Ausland oder der übrigen Schweiz, 14 aus der Agglomeration und 3 aus den Basler Landgemeinden. Von den 12 Wegzügern ging die Hälfte in die umliegenden Gemeinden.

Warum wurde die Altstadt als Wohnsitz gewählt? Der weitaus grösste Teil suchte bewusst eine Altstadtwohnung. Es lockten deren Charme, aber auch die zentrale Lage, die Vielfalt der Einkaufsmöglichkeiten, die Nähe des Arbeitsplatzes und der besondere Fächer der Freizeitgestaltung. Die Befragung ergab, dass die meisten Mieter ihren Arbeitsplatz in weniger als 18 Minuten erreichen. Die Bewohner des Imbergässleins heben den «dörflichen» Charakter hervor. Hier wohnen Kinder, die zusammen spielen. Die Mütter kennen sich. Man hört und kennt die Nachbarn. Anders in den Haushaltungen, wo nur Erwerbstätige ohne Kinder wohnen, die tagsüber von zu Hause weg sind und in vielen Fällen am Wochenende wegfahren. Gleich wie in anderen Quartieren der Stadt kennen sich die Mieter kaum und der nachbarliche Kontakt wird auch nicht gesucht.

Natürlich beklagen einige den Mangel an Spielmöglichkeiten und an Grün. Andere stört der Partylärm der Cliquenkeller, der Verkehr der Jugendherbergsgäste im St. Alban-Tal, die im Gegensatz zu früher nicht nur zu Fuss, sondern mit Motorrädern und Autos kommen. Als schwerwiegende Beeinträchtigung der Wohnqualität wird die nahe Drogenszene in der Umgebung des «Sprützehüüsli» an der Rheingasse empfunden. Vornehmlich Frauen fühlen sich davon betroffen. Nur einer von 10 Einpersonenhaushalten war weiblich.

Am Andreasplatz und im Kleinbasel wurden Räume für Kleingewerbe und Ladengeschäfte eingerichtet, so je ein Laden in den Erdgeschossen von Häusern an der Rheingasse, die sich zum Wohnen nur schlecht eignen. Wegen der Lage war schon ihre Erstvermietung nicht problemlos. Alle vier Erstmieter haben denn auch in der Zwischenzeit aufgegeben, drei von ihnen hauptsächlich wegen der Drogenszene, einer wegen des zunehmenden Verkehrs. Von den 4 Lokalitäten wurden zur Zeit der Befragung nur noch zwei als Läden benützt. Die Revitalisierung durch kleine Ladengeschäfte kann an dieser Stelle nicht als gelungen beurteilt werden.

Mauro Renggli

Parzelle VIII/66
Rheingasse 53

Wohnhaus oder Kastanienbaum?

Der Ratschlag 7140 sah vor, auf der Parzelle VIII/66, die an der engsten Stelle im Strassenzug, der sog. Meerenge, liegt und seit einem Häuserabbruch zwischen 1857 und 1863 von jeder Überbauung frei war, einen Wohnhausneubau zu erstellen.
Damit aber wollte sich ein Anwohner nicht abfinden. Er rekurrierte gegen das von der Einwohnergemeinde als Eigentümerin und vom Baudepartement als Bauherrschaft eingereichte und vom Bauinspektorat bewilligte Baubegehren.

Nach einem Augenschein hielt die Baurekurskommission in ihrem Entscheid vom 16. April 1980 u.a. fest:
«Die bestehende Bebauung an der Rheingasse, insbesondere auch im Abschnitt zwischen Reverenzgässlein und Lindenberg, stellt ein besonders gut erhaltenes Zeugnis historischer Baukultur dar. Ihre hervorragende Bedeutung auch unter den übrigen, der Schutzzone zugewiesenen Bauten im Kleinbasel ist massgeblich darin begründet, dass die historische Substanz nahezu an der ganzen Gasse zusammenhängend überliefert ist ...
Dieser in entscheidendem Masse durch den inzwischen herangewachsenen Kastanienbaum geprägte kleine Platz ist in der langen Zeit zu einem nicht unwesentlichen Bestandteil der Rheingasse geworden und kann heute, im Zusammenhang mit der bestehenden und zu erhaltenden Bebauung betrachtet, als charakteristisch für den Strassenabschnitt gelten
...
Da die Bedeutung des kleinen Platzes, den die Parzelle bildet, für die bestehende Bebauung im wesentlichen durch den Kastanienbaum bestimmt wird, ist diesem bei der Überbauung ein ausreichender Raum freizuhalten. Die Bewilligung käme daher nur für ein Neubauprojekt in Frage, das ein reduziertes Gebäudevolumen vorsieht und auf diese Weise den Bestand des Kastanienbaumes gewährleistet.»

Damit war das Schicksal des geplanten Neubaus besiegelt. Es folgte der endgültige Verzicht auf das Bauvorhaben. Der Bürger hatte im Kampf mit der Obrigkeit gesiegt. Die Lücke, das Plätzlein mit dem Kastanienbaum und der ausdrucksstarken Mauer, das den Kindern tagsüber zum Spielen dient, war im Herzen der Leute von der Rheingasse zu einem Stück unverzichtbarer Altstadt geworden.

Rheingasse 57
«Zum Istein»

Architekten Löw und Dörr

⑳ # Rheingasse 61
«Zur vorderen Henne»

Ausser dem gotischen Haus Nr. 59 mit dem schönen vierteiligen Fenster gehört die ganze Häuserzeile Nr. 57–69 dem Staat. Um den Bewohnern ihren Wohnsitz zu erhalten, zielte die Sanierung auf einfache Wohnungen, die dennoch den heute normalen Komfortansprüchen entsprechen. Die verwinkelten, schattigen Hinterhöfe wurden von Anbauten befreit, ausgeräumt und zusammengelegt. Im Erdgeschoss von Nr. 63–69 wurden Läden und Räume für stilles Gewerbe eingerichtet.
Nr. 57 erwies sich als eigentliches Schmuckstück. Haus Nr. 61 konnte relativ sanft saniert werden; der Grundriss mit Ausnahme des entbehrlichen Lichtschachtes wurde belassen.

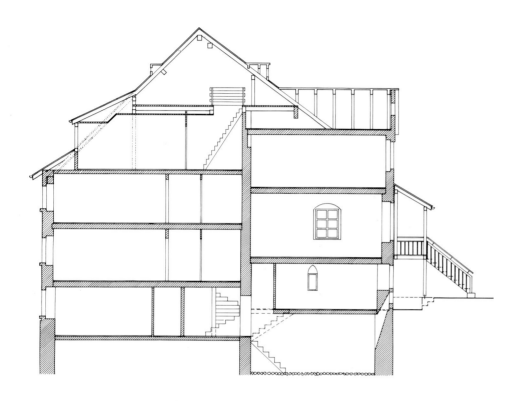

▶ Täferzimmer mit Bälkchendecke um 1500. Die naive Rankenmalerei mit Vögeln stellt wohl eine Familie dar, von der ein Mann mit zwei Knaben gut erkennbar sind, dazu die nur noch in Resten erhaltene Frauenfigur, von der das Rankenwerk ausgeht.

Das erste Sanierungsprojekt des arg verwohnten und baufälligen Hauses sah die Einrichtung von zwei Zweizimmerwohnungen und einer Einzimmerwohnung im Dachstock vor. Es hätte die (noch nicht erkannte) alte Struktur und Qualität völlig zerstört.
Die Freilegung der für Basel einzigartigen Wandmalereien in der gotischen Täferstube des 1. Stocks, die bemalte barocke Rankendecke im Erdgeschoss, das reiche ornamentale Dekor in Zimmern und Gängen und zudem die von der Grossratskommission erhobene Forderung nach grösseren Wohnungen erzwangen eine konzeptionelle Kehrtwendung und liessen das Juwel als Einfamilienhaus mit Arbeitsräumen im Erdgeschoss und einer Fünfeinhalbzimmerwohnung in den Obergeschossen und im Dachgeschoss erstehen. Was man erhalten konnte, blieb erhalten, selbst die Blocktreppe in den Estrich. Neu wurde eine gedeckte Laube mit Treppe in das Gartenhöflein angefügt. Eine ausserordentlich gut gelungene Renovation eines Altstadthauses.

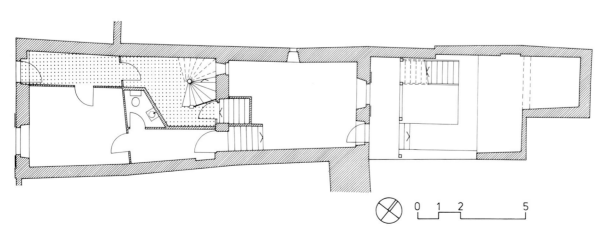

Rheingasse 63
«Zum Salmen»

**④ Rheingasse 65
«Zum Biberstein»**

Architekten Ackermann AG, Basel

Die Sanierung der Häuser 63–69 wurde als Ganzes geplant. Nr. 65 war so baufällig, dass ihm die Bewohnbarkeit vom Bauinspektorat schon lange abgesprochen worden war. Man ersetzte es durch einen Neubau, der aus Gründen der Wirtschaftlichkeit und des Strassenbildes wegen um ein Geschoss aufgestockt wurde. Nr. 67 war etwas besser erhalten, doch mit schadhafter Dachkonstruktion. Nr. 69 hatte viele gefangene Räume ohne Tageslicht und Wohnungen ohne Abschluss gegen das Treppenhaus.

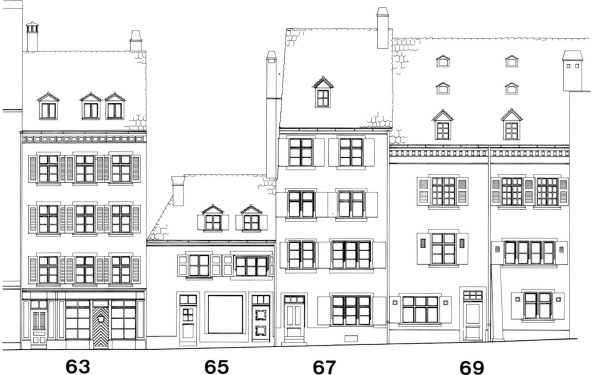

63   65   67   69

Strassenfassade vor der Sanierung

Rheingasse 67
«Zum Vogelgesang»

Rheingasse 69
«Zum schönen Eck»

Strassenfassade nach der Sanierung

Der gemeinsame Hof der Häuser 63–69

Die kreative Idee, aus der besonderen Form der Parzellen Nutzen zu ziehen, ermöglichte, praktische Grundrisse zu schaffen, ohne die überlieferte Struktur zu zerstören: Die direkten Hauseingänge von Nr. 65–69 werden aufgehoben und alle Liegenschaften über Nr. 63 erschlossen. Der Zugang zu Nr. 69 führt nun über den Hinterhof. Nr. 63–67 haben ein gemeinsames Treppenhaus. Der Gewinn: Die Ladengeschosse sind vom übrigen Haus unabhängig, die Wohnräume grösser, und die Grundstruktur, die durch das Brandmauersystem gegeben ist, wird nicht angetastet.

1. Obergeschoss heute

Erdgeschoss vorher

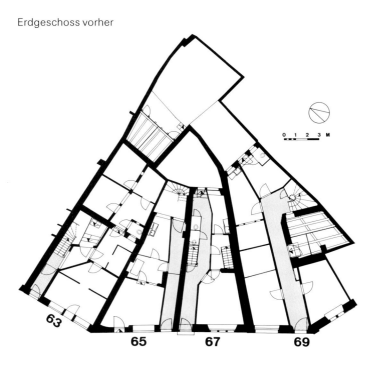

Erdgeschoss heute

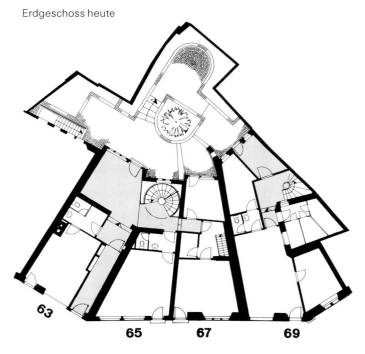

Haus Nr. 65

◀ Haus Nr. 65

Haus Nr. 67

Schafgässlein 10, Utengasse 18 ㊷

Architekten Belussi + Tschudin, Basel

Wegen ihrer Baufälligkeit musste die Liegenschaft, deren historische Substanz keine besonderen Werte darstellte, einem Neubau mit 1 Drei- und 2 Vierzimmerwohnungen weichen. Sollte man auf der historischen Form beharren oder an dieser Stelle «Neues Bauen in alter Umgebung» wagen? Der Entscheid fiel zugunsten der gut gelungenen Rekonstruktion der Fassaden. Gewände, Türen, Beschläge u.a. wurden soweit möglich wieder verwendet, anderes, z.B. ein Kachelofen, eine barocke Zimmertüre, alles aus dem Haus am Schafgässlein, gingen in das Depot der Denkmalpflege. An die Stelle eines Flachdaches auf dem Eckhaus mit Terrasse und «Weschhänggi» ist ein Halbwalmdach getreten; die Dachgaupen in Nr. 10 sind etwas grösser geworden. Für den eiligen Passanten hat sich kaum etwas verändert.

Schafgässlein 1 «Zem hinderen Boum»

Stauffer Architekten, Basel

Das bloss 5,67 m tiefe, auf drei Seiten angebaute Haus wurde um die Mitte des vorigen Jahrhunderts um ein Geschoss aufgestockt. In jedem Vollgeschoss erhielt es je eine kleine Zweizimmerwohnung mit Küche und zwei gefangenen Zimmern. Das einzige WC befand sich im Parterre. Die Sanierung führte es auf die ursprüngliche Form eines Einfamilienhauses zurück mit einer Wohnküche, einem Lädeli im Erdgeschoss und zusammen drei Wohnräumen in den Obergeschossen. Das Dach erhielt eine durchlaufende Gewerbegaupe, die den Einbau eines Kinderzimmers im Dachgeschoss erlaubte.
Die Liegenschaft wurde von einem Privaten im Baurecht saniert.

Ochsengasse 13, Sägergässlein 10

Schon im Merianschen Stadtplan von 1615 fällt das grossräumige, damals dreigeschossige Bauwerk auf. Amadeus Merian (1808–1889), der Erbauer des Café Spitz und des Hotels Drei Könige, hat es in seinen späten Jahren 1883 an der Ochsengasse um ein Stockwerk erhöht und zur heutigen Gestalt und zum Miethaus umgebaut. In den hübschen Haustüren und dem kräftigen Gesims, das die Backsteinlisenen mit den reich gegliederten Konsolen trägt, klingt die Eleganz seines Bauens in früheren Jahren nach. Das sehr bescheidene Innere enthält ein beachtenswertes, für die Zeit des Umbaus typisches Treppenhaus.

Foto- und Bildnachweis

Peter Armbruster, 39 unten

Kurt Baumli, 71 unten

Hans Bertolf, 19

Niggi Bräuning, 4, 8, 11 unten, 12, 16, 21, 23, 24, 29, 36, 37, 38, 40, 42, 46, 58, 59, 60, 61, 62 links, 63, 64, 66 unten, 68, 69, 71 oben, 75, 82, 85 rechts, 87, 88 rechts, 91, 107, 108, 109, 110 unten, 115, 116, 118, 119 unten, 122, 125, 126, 129, 132, 133, 134, links und rechts unten, 136, 138 unten, 139, 142 oben, 144, 147, 149, 151, 154, 156, 157, 158, 160, 162, 164, 165, 166, 167, 169, 175, 178, 179, 181, 183, 184, 188 rechts, 189, 190

Lily Braunschweiger, 150

Alfred Christen, 148

Hansrudolf Clerc, 39 oben

Paul Denfeld, 14 rechts, 84

Hansjörg Eichin, 51, 52

Heinrich Helfenstein, 131

Peter Heman, 48, 85 links, 113

Felix Hoffmann, 99, 140, 141, 143, 170, 171, 172, 173

Heinz Höflinger, 135 rechts

Hans-Rudolf Holliger, 62 rechts, 66 oben, 86 links, 90, 119 oben, 135 links, 148, 182, 188 links

Bernard Jaggi, 123, 124

Hans Isenschmid, 152

Roland Keller, 27, 97

Christian Lichtenberg, 57, 117

Dr. François Maurer, 120, 121

Franco Meneghetti, 134 rechts oben

Moeschlin + Disch, 13 oben, 65, 67, 186, 187

Nicolas Monkewitz, 47, 50

Eric Müller, 28

H. Ochs/B. Wolf, 153 oben

Hermann Pfützner, 88 links

Edith Rausser, 112

Markus Schmid, 168

Erik Schmidt, 41, 44

Christoph Teuwen, 13 unten, 14 links, 30, 32, 33, 34, 35, 72, 73, 86 rechts, 92, 110 oben, 138 oben, 142 unten

René Thiébaud, 11 oben

Stephan Tramèr, 53, 54, 55

Vreni Zeller, 89

Es befinden sich im Archiv der Archäologischen Bodenforschung Basel-Stadt, 51, 52, 53, 54, 55

Archiv der Basler Denkmalpflege, 13 unten, 14 links, 30, 32, 33, 34, 35, 39 oben, 48, 70, 72, 73, 84, 85 links, 86 rechts, 88 links, 92, 110 oben, 113, 123, 124, 127, 138, 142, 150, 152, 153 oben, 174

Archiv des Amtes für Bausubventionierung und Zivilschutz, 103

Staatsarchiv Basel-Stadt, 19, 39 unten, 105, 153 unten

Inhaltsverzeichnis

1975 – ein neuer Anfang	5
Der Auftrag	6
Übersichtsplan	7
1 St. Alban-Tal 44/46	8
2 St. Alban-Kirchrain 12	15
Die alte Stadt in der ganzen Stadt	17
3 Bäumleingasse 11	21
4 Münsterplatz 6, 7	24
5 Augustinergasse 9	28
6 Martinsgasse 18	30
7 Martinsgasse 7, 9, 11, 13, 15 Rheinsprung 22, 24	36
8 Rheinsprung 20	40
9 Rheinsprung 17	47
Altstadtsanierung und Stadtkernforschung	51
10 Blumenrain 2	57
11 Petersgraben 1	60
12 Petersgasse 20	62
13 Petersgasse 23	63
14 Petersgasse 26	64
15 Stadthausgasse 20/Marktgasse 14	69
16 Herbergsgasse 12, 14	74
Sanieren aus der Sicht des Denkmalpflegers	76
Zur Praxis der Sanierung	80
17 Andreasplatz 3, 4, 5	82
18 Pfeffergässlein 12	85
18 Pfeffergässlein 10	86
19 Pfeffergässlein 3	88
20 Imbergässlein 27, 29, 31 Pfeffergässlein 6, 8	90
Vom Umgang des Baslers mit seiner Altstadt	98
21 Nadelberg 14, 16, 18	107
22 Nadelberg 20	112
23 Nadelberg 37	118
24 Spalenberg 12	126
25 Nadelberg 39, 41	134
26 Rosshofgasse 3, 5	135
27 Unterer Heuberg 7	136
28 Gemsberg 8	140
29 Gerbergässlein 18	144
Finanzierung und Wirtschaftlichkeit	145
Staat und private Sanierung	146
30 St. Johanns-Vorstadt 4	147
31 St. Johanns-Vorstadt 35	152
32 Hebelstrasse 9	154
33 Hebelstrasse 11, 11a	158
34 Hebelstrasse 13a, 15, 15a	160
35 Petersplatz 5	165
36 Leonhardsgraben 24, 26, 30, 32 Auf der Lyss 20, 22	166
37 Steinenbachgässlein 42	169
38 Kohlenberg 23	173
39 Klosterberg 15	174
Neues Leben im alten Rahmen	176
40 Parzelle VIII/66	178
40 Rheingasse 57, 61	179
41 Rheingasse 63, 65, 67, 69	182
42 Schafgässlein 10/Utengasse 18	188
43 Schafgässlein 1	189
44 Ochsengasse 13/Sägergässlein 10	190

Nummern 1–44 siehe Plan Seite 7.